we're friends, right?

我们是朋友

——走进儿童内心世界

[美] 威廉·科萨罗 著

张京力 单 桐 译

科学普及出版社

·北 京·

图书在版编目（CIP）数据

我们是朋友/（美）科萨罗著；张京力，单桐译. —北京：科学普及出版社，2012. 1

ISBN 978 – 7 – 110 – 07601 – 9

Ⅰ. ①我… Ⅱ. ①科… ②张…③单… Ⅲ. ①儿童 – 社会化 – 研究 Ⅳ. ①G610

中国版本图书馆 CIP 数据核字（2011）第 226209 号

著作权合同登记号　01 – 2004 – 6556

科学普及出版社出版

北京市海淀区中关村南大街 16 号　邮政编码：100081

电话：010 – 62173865　传真：010 – 62179148

http：//www. cspbooks. com. cn

科学普及出版社发行部发行

北京正道印刷厂印刷

*

开本：787 毫米 ×960 毫米　1/16　印张：10　字数：220 千字

2012 年 1 月第 1 版　　2012 年 1 月第 1 次印刷

ISBN 978 – 7 – 110 – 07601 – 9/G · 3257

印数：1—5000 册　　定价：27. 80 元

献给我的母亲——伊丽莎白·曼汉姆·科萨罗，她启迪了我对所有孩子的爱和对儿童文化的尊敬

作者简介

　　威廉·科萨罗博士是美国印第安纳大学社会学教授、罗伯特·夏佛研究院名誉教授。罗伯特·夏佛研究学院是一所世界著名的儿童教育权威研究机构。威廉·科萨罗对儿童社会学有突破性的研究，他用跨文化的观点研究儿童的内心世界和儿童文化，并重视儿童的早期教育，他的研究成果让我们对奇特的儿童世界有了新的认识和有价值的思考。

　　30年来，科萨罗博士一直从事不同种族儿童文化的研究，特别对美国和意大利学龄前到小学阶段的儿童文化和教育进程进行了深入研究，并积累了第一手资料。他曾在意大利波罗尼亚大学任教。他的研究成果曾在美国纽约全国公众广播网（NPR）和英国伦敦BBC传媒中作过专题报道。威廉·科萨罗博士现居住在美国印第安纳州布卢明顿市。

致　谢

　　本报告的研究成果和为此所从事的研究工作曾得到美国国家心理健康研究机构、斯宾塞基金会（Spencer Foundation）、威廉·T·格兰特基金会（William T. Grant）和美国印第安纳大学的支持。我想要感谢苏珊娜·格鲁克（Suzanne Gluck）对这个项目给予的建议，并感谢她帮助我联系出版事宜。感谢美国科学院出版社的编辑杰弗里·罗宾斯（Jeffrey Robbins），他给予我极大的支持和帮助，为本书的出版做出了很多努力。我还想要感谢我的许多同事，我们一同参加了许多研究课题；还要感谢参加研究课题的我的学生：Hilary Aydt, Donna Eder, Jenny Cook-Gumperz, Francesca Emiliani, Ann-Carita Evaldsson, Laura Fingerson, Kathryn Hadley, David Heise, Douglas Maynard, Elizabeth Nelson, Thomas Rizzo, Katherine Brown Rosier, Heather Sugioka, 特别要感谢的是 Luisa Molinari。

　　我要感谢我的妻子维吉·瑞佛罗（Vickiè Renfrow）对我的支持和帮助。我还要特别感谢我的女儿维罗妮卡·玛丽·科萨罗（Veronica Marie Corsaro），她阅读初稿后，在内容和文体上给我提出许多建议，对这本书十分重要。

　　我要感谢多年来那些我所研究的孩子的家长们，孩子的父母允许我分享他们孩子的生活。我确信当今社会中从事学前教育和小学教育的老师所做的工作是极其重要的。我一直很幸运与美国和意大利的许多杰出教师一起工作，我感谢他们的远见卓识，感谢他们的支持和友情相助。最后，我要感谢许许多多的孩子们（他们中的一些人已经长大），是这些可爱的孩子让我进入他们的生活，成为他们的朋友，记录他们的文化，并且能在本书中讲述他们的故事。我相信我至少已经了解到一些儿童文化的复杂性，并捕捉到儿童文化的多元性。

序

儿童文化之我见

　　经过我多年来在学前学校的观察，儿童是十分喜欢交际的，我很少看到一个孩子从另一个孩子手里抢过玩具、书或饼干，然后跑开独自玩或吃东西。相反，我却发现孩子们更喜欢和其他小朋友一起玩，共同分享东西。特别是当孩子们自己去完成一件事情或任务，而没有成年人帮助的时候，他们有更强烈的满足感。孩子们想要掌控他们自己的生活，体验相互控制的感觉，在这样做的过程中，他们学会了如何与对方相处。

　　控制和分享这两个主题体现在童年文化的广泛行为活动中，这一点我在美国和意大利学前学校多年的观察中得以证实。在研究早期儿童教育时，我们必须了解孩子们的生活，因为孩子们最早接触的是生活，并创造了一系列的儿童文化。从事这项研究，我们必须把儿童的声音带到成年人对童年的讨论中。我想要传达：孩子们要求我们帮助，爱护孩子的童年，让他们的童年丰富多彩，并让孩子们充分做好进入成年人世界的心理准备。

　　我成功地走进了儿童世界，并对儿童心理进行了宽泛的观察和研究，所以我对儿童和他们的文化有一定的发言权。目前，关于儿童的人文学研究很少，即使有一些研究，多数情况也受到时间和地点的限制。在通常情况下，一个案例至少要跟踪一年以上。在美国和意大利，我曾研究学龄前儿童的教育案例，并跟踪这些案例近 30 年。在这期间，基于一种常规性的观察（经常是每天观察），在美国加利福尼亚州伯克利地区，对私立学前学校中产阶层家庭的孩子们进行了观察研究以及在印第安纳州布鲁明顿市对纳入由政府支持的学前教育智力开发项目——头脑领先计划（Head Start）中经济上处于弱势的孩子们（大多数是非洲裔）进行了观察研究。我还在意大利的波罗尼亚和莫德那地区对公立学前学校的孩子进行了观察研究。我跟随这几组孩子们从学前班到小学，采用正式或非正式的方法与这些孩子家长和班主任老师就儿童教育和儿童文化等问题多次进行交流。

在调查儿童文化的过程中，我依靠比较的方法，案例大都来自美国中上阶层的孩子、经济上处于弱势的非洲孩子以及意大利中下产阶层的孩子。来自这三组的孩子们有许多共有的文化特征，例如，渴望控制他们自己的生活，分享彼此的控制感特别突出。然而，三组儿童在相互交往中的个人风格、处世方式、维护友谊以及解决矛盾和争端等方面都有所不同。孩子们在处理问题方式上的差异反映出与他们一起生活的成年人的经历和所处的社会环境。这些差异也反映出儿童文化的多样性以及儿童相互间的交流方式和价值取向。应该记录下这些差异和多样性，并重视和关注它们。我们应该避免对这种差异迅速作出判断，并将其认为是缺陷，会威胁到美国的主流文化。

与意大利的学前学校和儿童文化相比较，我们可以从中学到许多东西，美国应该对儿童的生活提供更多的资源。在意大利，社会的不断创新和发展有很长的历史，政府十分重视儿童的早期教育。因此，意大利在这方面获得了收益，它们发展了丰富多彩的学龄前儿童文化，同时，与之紧密相连，这种文化又丰富了老师、家长的日常生活。在这点上，意大利比美国做得要好。

最后我决定写这本书，是要为儿童文化呐喊。我曾与许多孩子相处，从中获得了丰富的经验。多年来，我所研究的孩子们都认为我是出色的研究者，更重要的是，他们认为我是一个友善的人。虽然我写本书的目的是与所有的成年人分享我的知识和经验，以此让我们更好地理解和支持孩子，让他们度过美好的童年时光。我非常想要讲述这些孩子的故事，因为这对于他们来说太重要了。

目 录

引　言

· · · · · · · · · · · · · ·

儿童文化的重要性与自主性

在美国，人们对童年缺失的关注在不断增加。我们常常辩解没有很多时间陪伴我们的孩子，或认为我们的孩子成长得太快。许多家庭的父母都在外工作，并且每天工作很长时间，单亲家庭的数量也显著增长。其结果是有些孩子在他们生命的第一年没有得到父母充分的关心和照料。在孩子成长的第二年和第三年，孩子又被送入全托幼儿园，接受其生命中最初几年的教育。我们曾被媒体警告：成年人的形象和孩子们的所见所闻对儿童发育早期阶段影响很大。许多孩子的父母对这些变化非常焦虑。他们担心他们可能会作出错误的决定，因此，他们常常求助于教育专家的帮助。

一些专家感叹有些孩子失去了童年的天真，劝告父母不要让他们的孩子受成年人生活中负面因素的影响。另一些专家则认为孩子需要成人的指导、引领和约束。这些专家经常讨论孩子被父母遗弃、转交给他人看管所带来的后果。这样的争论持续不断，许多儿童缺乏传统价值观，而且具有敬畏权势、不服从管理、有暴力倾向、急功近利等缺点。

但是，在当代美国社会里，儿童应该具备什么样的素质呢？孩子们对自己的童年缺失是怎么说的？孩子们的想法在这样的争论中正在消失。本书的目的就是通过走进儿童内心世界，向成人们提供有关儿童的第一手资料。

有许多理由不把儿童看成是讨论他们童年生活的主角。当成年人评估儿童的状况时，许多人注重的是未来，他们希望自己的孩子健康、幸福，成长为栋梁之才。他们感到自己有责任找到如何更好地培养孩子的方法。许多儿童发展专家鼓励这种思维方式，因为他们判断和评估的是看孩子们将来如何，而不是现在的状况。

父母对孩子长大成为何种类型的人起着重要的作用，但这种影响是否能超过遗传因素的影响仍有激烈的争论。实际上，朱迪斯·哈里斯（Judith Harris）在她的《养育设想》中曾提出异议。她指出除遗传基因以外，父母与他们孩子的成长和行为方式没什么联系。哈里斯指出儿童伙伴的重要性，孩子不愿成为他们父母的翻版，孩子想要变成真正的自我。然而，反对哈里斯的人争辩道，她夸大了关于儿童伙伴的重要性，超过了父母对儿童的影响，并削弱了父母的责任，为不称职的父母开了绿灯。哈里斯强调了儿童伙伴和其文化的重要性，她的主要目的（如同她的反对派）完全是放在未来：孩子们将变为何种类型的成年人，孩子和他们的文化在这些辩论过程中放在了第二位。

在评价当代儿童时，很多成年人着眼未来，另一些人则在思考过去。他们回忆自己的童年，并且认为许多事情变得更糟了。三四十年前，孩子们花大量的时间与同伴在一起玩，包括自己的兄弟姐妹和邻居的孩子。而母亲们则在一旁照看着自己的孩子，给他们准备小吃，负责让孩子们休息一会。虽然母亲也和他们的孩子在一起玩，并关注自己的孩子，但父母认为不需要频繁地打扰孩子，并给孩子一个良好的认知环境。大多数母亲们相信他们的孩子们与其他孩子在一起玩可以感到快乐，享受孩子们自己的童年。

在过去的 30 年间，家庭结构已经发生了很大的变化。1970 年，6 岁以下孩子的母亲大约 30% 在外工作；这个百分比在 1999 年提高到接近于 62%。幼小的孩子们在幼儿园或学前班里度过了更多的时间，出现这种趋势并不令人惊讶。1970 年，3～4 岁的孩子大约 20% 进入私立或公立学前学校；1999 年，这个比例已经增加到超过 60%。5 岁大的孩子进入学前学校的比例也有相类似的增长（从 1970 年的 69% 增长到 1999 年的接近于 90%）。总之，全部 3～5 岁的儿童进入学前学校的从 1970 年 38% 上升到 1999 年的 65%。此外，在过去的 50 年间美国家庭人口已经有很大程度的减少。在 20 世纪 50 年代，一个美国孩子有 3.4 个同胞兄弟姐妹；在 20 世纪 90 年代，平均同胞兄弟姐妹的数量已经降至 1.8 个。随着越来越多的父母外出工作，越来越多的儿童需要照顾，而兄弟姐妹在减少，孩子们与家庭以外小伙伴们在一起的时间将会越来越多。

但孩子与他们伙伴共度更多的时间是一件不利的事吗？这与过去有很大的不同吗？在美国，的确需要更好的家庭休假政策、需要高品质和政府支持的关怀儿童措施和儿童早期教育计划。然而，如同过去一样，当今的孩子也与其他孩子一起同共度过他们的童年时光，尽管在这些孩子中少有他们的同胞兄弟姐妹，但他们总能成为朋友。在孩子们周围的常常是母亲，但并不是孩子们自己的母亲。在大多数情况下，经常是待遇低下的保育员和教师，她们热爱孩子并将他们的一生献给了孩子。她们监管孩子们的活动，照料他们的饮食，负责孩子们的休息。像过去的母亲一样，这些保育员和老师相信孩子们应该喜欢与其他小朋友彼此分享童年时光。在高质量的关怀和儿童早期教育方面，老师鼓励和激发孩子们的想象力，并为他们提供共同创新和分享他们自己文化的机会。

我们总是试图让儿童获得生活中各方面的经验，让他们认识到父母决定可能存在的负面影响，我们过多地注重孩子们的未来，这时候，我们却因此过度地限制了他们的生活，并且偷走了他们的童年时光。当我们怀念自己的童年时光，并试图让孩子们重现我们过去的生活时，其实是在伤害我们的孩子，因为他们应该过当今时代的儿童生活。我们曾有我们的儿童时代，不能要求他们过我们那时的儿童生活。

这是不是意味着我们不应该影响我们的孩子，或在家庭之外孩子们的生活中没有我们的角色了吗？不，当然不是。我们应该爱护、鼓励、支持、引导和挑战我们的孩子。作为父母这个角色，在养育孩子的过程中，我们有责任以积极的方式奉献给孩子们一种新型的家庭成员关系，特别是当他们还很小的时候。然而，我们必须明白，作为父母，不能简单地塑造我们的孩子。孩子们在自己的社会中是活动的主体。事实上，孩子们积极地从成人世界中获取信息后产生他们自己独特的儿童文化。在这个意义上，孩子们是成人文化和儿童文化的参与者，是这两种文化中的一部分，使这两种文化错综复杂交织在一起。成人趋向于忽视儿童文化（特别是幼儿文化），或者把他们看成是危险的东西（特别是少年期和少年期前文化）。另一方面，我相信我们能够从儿童身上学到很多东西，并且儿童文化具有自主性，记录和研究这种儿童化是很有价值的。然而，为了从儿童的观点了解儿童文化，我们必须摒弃成年人的观点，走进儿童的内心世界。

进入孩子的内心世界是很困难的。我们成年人体格强壮，更爱交际，认知成熟，强劲有力。孩子们了解成年人这些特点，然而，对于成年人来说克服对儿童的成见并不容易；对孩子们来说，无论成年人怎样努力，尝试不同的行动，但对于孩子们而言他或她依然是一个成人。然而，我付出了极大的关心、耐心和持之以恒的精神，克服了种种困难，让孩子们将我视为一个不寻常的成年人。更重要的是，我已经成功地以一个特殊朋友的身份进入他们的内心世界，分享和记录他们的儿童文化。

在最初的研究中，我曾经被孩子们所接受，我的目标是证实儿童是活动的主体，他们创造了自己的社会文化。然而，我很快就发现他们的世界比我预想的要复杂得多。与我以前想象的不同，儿童是熟练的社会活动参与者而不是被动的参与者。我渐渐地开始认识到，在儿童个人发展方面，我不能简单地去评价孩子们留给人们印象深刻的社交技能和同伴间相互交流所产生的积极作用。我知道我自己在研究集体、公众的儿童文化，正在记录孩子们创造的东西，并参与他们的文化。我逐渐完全领悟了这个道理，因为我始终用成人特殊的眼光去诠释和评价孩子们所做的每一件事情，积累经验，展望孩子们的未来。

　　我们成年人应时刻牢记要不断地去欣赏孩子们的天性和童年时光。我们珍惜孩子们的天真与快乐。正如，我们有时渴望重返我们自己的童年时光。虽然我们意识到孩子们所走的路与我们不同，但是有时候我们仍然把握不住，并不理解儿童的内心世界。我们经常曲解我们不理解的东西，强制孩子们遵循成人特有的观点。

　　为了获知儿童的内心世界和他们的文化，有必要直接走进他们的生活，被孩子们所接纳。作为孩子们的特殊朋友，我们不应告诉孩子们应该去做什么或试图掌控他们的行为。让我来示范一下，我是如何成功地进入美国和意大利的学前学校，被孩子们所接受的。

第一章 "你是大比尔"

· · · · · · · · · · · · · · · · · ·

介绍儿童文化

我走进幼儿园教室外面的活动区，向两个约 4 岁的女孩贝蒂和詹妮身边走去，她们正坐在沙堆里。当我接近她们时，贝蒂说：

"你不能和我们一起玩！"

"为什么不能？"我问道。

"因为你太大了，"贝蒂回答。

"让我坐下吧，"我说，于是我紧挨着沙堆边坐下来，靠近两个小女孩的身边。

"你还是太大了，"詹妮说。

"嗨，你是大比尔！"贝蒂喊道。

"我能看你们玩吗？"我问。

"可以，"詹妮说，"但不能碰任何东西！"

贝蒂说，"你只能看，知道吗？"

"嗯。"

"（知道吗），大比尔呢？"詹妮问。

"知道了。"

（后来两个女孩允许大比尔和她们一起玩游戏了。）

正在变为研究儿童文化的学者

人类文化学是人类文化学者用来研究外来文化的学说。"人类文化学"（ethnography）源于"ethno"（人类或人种）与"graphy"（写作或研究）两个词。正如我们所知，美国杰出的人类学家玛格丽特·米德（Margaret Mead）所研究的就是起源于萨摩亚时代的古典人类学。人类学研究要求研究者深入他们所研究对象的生活中去。从这个意义上讲，人类学所涉及的是"趋于本地化"。正像我在前言中所述，我应该融入儿童文化之中，记录儿童的行为。为了能够做到这一点，我必须走进孩子们的日常生活，尽我的所能成为他们中的一员。

然而，对于一个成年男人而言，怎样做才能走进孩子们的世界，被他们所接受呢？在研究初期，我无法遵循一种确定的模式。正因为如此，当我第一次走进美国和意大利的许多学前学校进行研究时，我认为成为孩子世界中的一员的最好方法就是"不能像典型的成年人那样去做。"在这一章中，我将讲述在各个不同阶段的儿童早期教育背景下，我是如何去做的，如何使自己变成儿童中的一分子，并和孩子、老师以及他们的父母一起相处。

我将从美国加利福尼亚州伯克利地区开始，讲述在那儿许多年里发生的许多事情。我之所以从伯克利地区开始是因为我论文导师的一个朋友，他同意赞助我的博士后研究，还帮助我进入一所大学附属学前班开展研究。

加利福尼亚州伯克利地区（1974～1975年）——"一个大小孩"

我在伯克利准备论文时，接受了一位导师的忠告，用几个星期在学前学校的隐蔽处观察孩子们的相互影响。教师玛格丽特曾告诉过我，在新学年的开始，孩子们在学校最初的几周里仍在不断地调节自己以适应学前班的新规则，家长和老师也在做一些相应的调整。因此，她建议我在校内外到处走走，以一种隐蔽的方式进行观察。这种观察区域设在附近的一所大学，是专为学生家长和心理研究学者做观察研究使用的。

在最初几天的观察中，我常常看到孩子们相互交流，我被孩子们相互交流所涉及的数字、范围以及突显出来的复杂性所折服。在第一天的观察中，我还没有产生清晰的概念，也不知道要记录什么。所以我只是观察，并体验着对看到的事物的总体感觉。其后的几天，我将观察集中在这几个问题上：在学前学校发生了什么事情、什么时间发生的、在哪儿发生的，并且发现其中的基本规律是什么。我记录下孩子们所从事的各种各样活动的细节，其中有在老师指导下进行的，也有孩子们独自做的。我也逐渐地记住了所有孩子的名字、他们的特长和各自不同的性格。

在观察到第三周时，我开始考虑如何走进孩子们中间，被这群孩子接受，并如何让他们变得更熟悉我。我希望尽快地融入孩子们当中，和他们相互交流，不应被孩子们看作是一个典型的成年人。找到如何这样去做的第一个步骤就是要近距离地观察成年人与孩子之间是如何相互影响的。在这里我观察到了这样的现象。

成年人在和孩子相互交流中起着主导作用，他们控制着孩子们的举动。例如，到学校来访的父母或其他成年人经常与孩子们在一起，在相互交流中起主动作用，向孩子们提出许多问题。看看下面的例子。

一天，一位母亲来到正在画图画的两个女孩的桌子旁。这位母亲看了一会儿，弯下身子看着她们画画。

"你们在画什么?"这个母亲问道。

"一棵树。"其中的一个女孩回答。

安静了片刻，两个女孩继续画图画。

"树是什么颜色?"母亲问。

"绿色，"女孩没有抬头，而是边画边回答。

"还有其他绿色的东西吗?"这位母亲问。

在旁边默不作声的另一个女孩说道"草坪。"

这位母亲直起身来，环视了一下整个教室，然后走到另一个区域去了。

成年人想要引发与孩子的对话，但是孩子们简短的回答使他们感到不舒服。孩子们对成年人的不耐烦就是长时间的沉默。正如上面的这个例子，成年人常常是以向孩子提问开始（一般是成年人自己已经知道答案的事情，比如树的颜色），用以了解孩子们在想什么、要做什么，或者简单地交流学习经验。

老师也问过许多问题，他们在和儿童对话和交流中开发孩子的学习潜力方面更富有经验。他们指导和监督孩子玩游戏，在遇到麻烦的时候帮助孩子们，并且告诉他们哪些能做，哪些不能做。但成年人（老师或学校的来访者）在学前学校的特定区域与孩子们的接触还是很有限的，他们很少进入儿童游戏室、户外沙堆、攀登架或攀登屋。

观察成人在和儿童交流的过程中是如何主动和具有控制性，我采用了"反作用"策略。在我走进学前班的最初几周，我不断地让自己出现在孩子们占统治地位的区域，等着孩子们来和我交流。刚开始的几天效果并不理想，只有几个在远处的小孩子们冲我微笑，还有少许的孩子带着迷惑不解的目光注视着我，孩子们非常可爱却不理睬我。我在学前学校进行观察的前数百个小时是最困难的时刻。我很想要和孩子们说点什么（任何事），然而，我还是坚持了我预先的策略，保持着沉默。

我在学前学校第四天的下午，我看到有 5 个小孩拿着铲子正在玩挖沙子，我立即站在沙堆旁。他们在从事"建筑工作"，扮成 4 个工人和 1 个老板（4 个男孩和 1 个女孩）。这项"建筑工作"是两个男孩在沙堆中挖沟，另一个男孩向沟里灌水，水放满时第四个男孩（筑坝者）将铲子在沟中插入，拔出，再插入，试图建一个水坝堵住水。他这样做是遵循"老板"（女孩扮）的旨意。我观看这个复杂的游戏大约40分钟。然后最初的两个男孩保留了他们的"工作成果"，并将铲子也留在沙堆中。之后，他们跑进了教室里，"老板"也跟着他们。我猜想他们没打算回来，这个"建筑工程"被遗弃在那儿了。

我感到有问题，当我注意到苏珊时，我在考虑下一步行动。苏珊正一个人站在离沙堆约20英尺（约6.10米）远的地方，她肯定看见了我。我冲她笑笑，她也回给我微笑，然后她越过沙堆跑开，并站在那儿看其他一组的3个女孩玩游戏，这使我感到有些沮丧。然后，我听到攀登杠架附近有声响。我走过去知道彼得偷了（正如丹尼尔所说的）丹尼尔的玩具卡车。我注意到老师已经走过去解决了这场争执。当我回过头再来看沙堆这边儿时，苏珊已经走了。

我开始起身走进校园里面，然而就在那时我听到有人说："你在做什么？"苏珊从背后走来，在沙堆旁靠着我站着。

"刚才你一直在看，"我说。

"看什么？"她问。"我想知道发生了什么。"

然后，苏珊问我叫什么名字。我说"我是比尔，你叫苏珊。"（这种改变是重要的）

苏珊向后退了两步问道，"你是怎么知道我的名字的？"

和孩子们谈话时，我做出了成年人很少做的事，特别是他们认为孩子们不能理解其答案时候。我要告诉孩子们事实，不打算去敷衍他们。

"我听劳拉说过，其他小朋友叫你苏珊。"

"可是你怎么知道我的名字呢？"苏珊又一次问道。

坚持我的说法，我重复地说我曾听其他小朋友叫她苏珊。她迷惑不解地看着我，绕着跑开了，向教室跑去。

那时我就是这样。在我花费了很多天时间试图使自己变成他们当中的一员，终于有一个孩子开始跟我说话了，但我又把她吓跑了。但是后来苏珊又出现在校园里，向我跑来，乔纳森和她在一起。

当她们接近我时，乔纳森问道："你知道我叫什么名字吗？"

"乔纳森，"我回答说。

"你怎么知道我的名字？"

"我听彼得（经常和他一起玩的一个孩子）和其他小朋友叫你乔纳森，"我说。

"你知道，他会魔术，"苏珊说道。

"不行，不行，等一等，"乔纳森小心地说。他又指着兰尼和弗兰克，问我："你知道那边的孩子叫什么吗?"

"兰尼和弗兰克,"我十分自信地回答,"我知道所有小朋友的名字。"

乔纳森向周围看了看,试着找到一个很难叫出名字的小朋友,然后他又问了一些小朋友的名字。我全都轻而易举地叫出了他们的名字。

乔纳森露出了一丝狡猾的微笑,然后问道,"我妹妹叫什么名字呢?"

乔纳森想他这下可以难住我了。其实我已经知道他妹妹的名字。学校的秘书已经提供给我一个花名册列有所有孩子的名字、他们父母及同胞兄弟姐妹的名字。我记忆了大量的这类信息,我很幸运记起了乔纳森妹妹的名字。

"她叫艾丽西娅!"我郑重地说,这时我的感觉非常的好。

乔纳森很吃惊。他看着苏珊,说道,"这家伙真不可思议。"然后他跑开去告诉彼得和丹尼尔。

这期间苏珊递给我一把铁铲。

"你要挖吗?"

"当然,"我说着接过铁铲。

我们往小桶里铲沙子,不久乔纳森、彼得和丹尼尔也加入进来。彼得和丹尼尔问我是否知道他们的名字。当然我告诉了他们。其后,我们大家开始铲沙子,孩子们正在搭建另一项工程,分配给我了一个角色。克里斯多佛和安东尼特也参加了进来,游戏进行了约20分钟,直到其中的一位老师宣布"做扫除的时间到了",于是我们很不情愿地丢下各自手中的铁铲走进了教室,上课的时间到了。

这次交流之后的几天里,孩子们开始对我的出现有所反应,并且邀请我和他们一起玩。虽然我仍能进行观察,但在大多数情况下,我能在某种程度上参加孩子们的游戏,他们逐渐地接受了我。第一个月时,孩子们对我很好奇,为什么我每天都在这儿。他们问过我大量的问题,一般都是"你是谁呀?""你是老师吗?""你愿意和我们一起玩吗?""你是学生家长吗?"以及"你有兄弟姐妹吗?"这个模式是重要的。孩子们从成人特征这样的普通问题转移到关于兄弟姐妹这类问题,这是孩子们相互间喜欢提出的问题。

在这开始作研究的时候,我对所有问及成年人的问题都回答"不",因为那时我不是教师,不是有丰富经验的研究人员,也不是一位父亲。但是我有7个兄弟姐妹!我有这么多的兄弟姐妹引起了孩子们对我的好奇心。无论如何,他们还是不太相信我,有孩子问"是真的吗?",然后他们很乐意听我一一道出他们的名字。我来自一个大家庭,这使我更容易被孩子们接受,并有助于我进入孩子的群体之中。

但是,我不认为孩子们很快地就接受了我,将我作为他们中的一分子。在学前学校作研究的许多年中，我并非被孩子们完全地视作他们中的一分子。甚至在意大利，由于我有限的意大利语知识，我被看作一个不称职的成年人，但我仍是一个成年人。我太大了，不可能变成一个孩子。因此，在伯克利作研究的第一个月的月末，孩子们给我起了一个外号，我被看作是一个不寻常、特殊的成年人——一个大孩子。

作为一个"大孩子"这个概念，在我最初的人类学研究案例中描述过许多。首先，我能被孩子们所接受，无阻碍地参与他们的活动。我能够在活动室、沙堆及攀登架旁随便走动，除了遇到较少的笑声外，没有引起孩子们更多的注意，和其他成年人相比，我几乎没有什么特权。我的愿望就是成为儿童文化中的一部分，我抑制着自己不去干涉孩子们的行动。然而，当我担心孩子们出现身体安全问题时，这种情况只有很少的几次，我才会提醒他们说："小心点！"，这时我得到的回答总是"你不是老师！"或"你不应告诉我们如何去做！"最后，在学校作研究的那些日子里，孩子们总是要求我参加更多的正式活动。例如庆祝会，孩子们非常愿意我坐在他们身旁（围坐成一个圆圈），而让他们的老师和父母站在圈外。此外，有几个小朋友让他们的母亲在那些特别节日里所买的饼干、生日蛋糕或朋友贺卡等礼物上写上我和他们同伴的名字，将礼物送到学校。

我在伯克利的这段故事讲完之前，我应该记录下的是作为一个不寻常的成年人，我已经和孩子们建立起了一种特殊的关系，而这种关系是属于孩子之间的关系，而不是成年人和孩子之间的关系。在这样的环境下，我已经变成了孩子的特殊朋友。伯克利学前学校的学生马丁就是一个例子。马丁很早便接纳了我，并在小组自由活动的时候常来找我。我注意到马丁有些过分依赖我，后来一旦马丁参与一些游戏活动时，我便有意离开他。不久，我便发现马丁在没有我在身边时表现得也非常好，但是他仍然视我为最要好的朋友。

有一天，马丁的妈妈带他来到学前学校，与一位老师谈起马丁，我刚好在一旁听到，才变得更清楚此事。

"哪个孩子叫比尔？"马丁母亲问道。

"学校里没有叫比尔的孩子，"教师玛格丽特做出反应。"只有一个名叫比尔·科萨罗的学者在学校做研究工作。"

"噢，我想起来了，签名是就是威廉·科萨罗，"马丁的妈妈说道（译者注：比尔是威廉的昵称）。"但是马丁整天谈论的都是比尔，并且说比尔有一本书，所以我以为比尔可能是班里的一个男生。马丁总是问我，他是不是也能像比尔那样带一本书到学前学校。"

马丁母亲谈及的书就是我做记录用的小笔记本，我总是装在裤子后面的兜里。在观察到孩子们之间相互影响的有趣事情后，我常常是悄悄地离开他们到学校里的一个隐蔽地方草草地记录下来，然后在当天晚上再详尽地描述出来。有一次，马丁问我关于那个笔记本的事，我告诉他我喜欢写东西，为了记住那些所发生的事情。对于这个解释他稍稍耸了耸肩，以后再也没有提起过。

所以那天我和马丁母亲交谈时，我向她解释这一切，并在第二天让马丁母亲带来了一个笔记本。当我将这个笔记本装进马丁后裤兜时，他一直在笑。裤兜不太起眼，马丁总是把本子藏在里面不拿出来。第一天，他常常轻拍他的裤兜，始终带着笔记本，这样保持了好几天。马丁很可能是以这种方式表达他喜欢比尔——一位研究儿童的人类学者！

意大利博洛尼亚地区（1983～1986）——"一个不合格的成年人"

在意大利，在第一个进行研究的学前学校里，我对如何进入儿童文化领域有些担忧，因为那段时间我用意大利语进行交流的能力有限。但这种担忧没有持续多久，在意大利同行的帮助下，我得以进入学前班孩子们中间，并让老师们帮我物色研究目标（基本上，在学前班里我喜欢一对一进行研究）。在意大利，政府向学前学校投资，并且96%以上3～5岁的儿童都要上学前班，6岁的孩子要上小学一年级。在我研究的学前学校中，3～5岁的孩子是混在一起编班的，5位老师，35个学生。

我在学前学校的第一天，把我介绍给孩子们，因为一些孩子要在这里待上一整年。依靠我在伯克利时使用的"反应的"策略，我首先进入了游戏活动区坐下来，等待着孩子们对我有所反应。我没有等待太长时间，孩子们开始向我提问题，拉着我参加他们的活动。随着时间的推移，他们已经将我看成一个不寻常的成年人。

意大利的孩子比美国的孩子更容易、更快速地接受了我，这让我十分惊讶。对于意大利孩子来说，每当我结结巴巴地讲意大利语时，他们立刻感到我与众不同，令人觉得很有意思。我不只是一个不寻常的成年人，我还是一个不合格的成年人；不只是一个大男孩，而且是一个说不清楚话的大男孩。

他们首先注意的是我的发音，但很快他们便习惯了，后来他们知道我经常会把词用错（我的语法不好），甚至自己意识不到（语义不对）。开始他们拿我开玩笑，嘲弄我，还模仿我的错误发音。但不久后他们却变成了我的小老师，开始纠正我的发音和语法，当我不明白时，他们用不断变化的方式反复地向我讲解。有时他们会用手势或身体语言表达那些词的意思，并且还在学习小组中频繁地讨论如何表达这些字词，他们常常笑着对其他同学说："猜猜现在比尔说的是什么！"不久以后，我做得相当好，增强了与这帮孩子们沟通的信心。我还特别记得曾经有过一次小小的成功。

我正在与两个小男孩（菲利斯和罗伯托）坐在地板上玩玩具赛车，绕着圈跑。我们一边玩，菲利斯一边谈论着一位意大利赛车手，但是，他说得很快，我只听懂他讲的一部分。正在这时，他将赛车撞到墙上，车翻倒在地。这时，我才清楚他说的"Luiè morto,"是这个意思，"他已经死了。"我猜想菲利斯一定是想起了以前国际汽车大奖赛中的一个悲剧事故。这时，我想起一个短语正好用上。那是我参加第一节意大利语课时学到的"Che peccato!"（"好可怜呀!"）。菲利斯看上去样子非常惊异"比尔，比尔，他是对的。""比尔是对的!"罗伯托插话说。

随后，菲利斯招呼起学校的其他的孩子们。有几个孩子走过来专心地听菲利斯重复刚才的那个悲剧故事的全过程，而且他又补充道："比尔说：'好可怜呀!'"这个消息使孩子们很快乐，有些孩子甚至鼓起掌来。大家没有一点不好意思的迹象。我感觉也很好，好像就是这个群孩子中的一员！我不再是一个试图去了解更多儿童文化的成年人，我走进了他们，我的行动已经成为他们活动的一部分。

尽管有老师的帮助，事情也并非进展顺利。事实上，在学校的最初的几个月中，困惑或沟通不利的事情经常发生。出现这些问题有诸多原因。首先，我和老师都意识到语言方面有问题。对于老师来说，他们只懂得一门语言；而对于我来说，我的意大利语讲得不好。第二，我们总是在谈论一些较抽象的问题（如美国的早期教育政策），而在与孩子们一起玩时谈论更多的是眼前轻松的话题。第三，老师不像孩子那样擅长修改自己的言论。孩子们开始谈话很慢，小心避免使用很难的语言结构和固定用法。但是，交谈一会以后，速度就会加快，还会使用较复杂的短语，我就会不容易听懂。当我表示出疑惑时，老师经常有些慌乱，并坚持要重说一遍，其结果，我很少能获得原来想要得到的那些问题的答案。

教师们对我与孩子们交流的成功感到惊讶，因为他们认为这很困难。出现许多次这样的情景，一位老师或其他几位老师把孩子们叫来问我与他们在谈什么。孩子们将他们与我交谈的内容都告诉了老师。这使得老师来问我为什么能与孩子们有如此好的沟通，而与他们则不行。我告诉他们，我与孩子们只谈论有关他们所玩的、他们感兴趣的话题。虽然老师们有一些疑惑，但最终还是接受了我的解释。随着时间的推移，我用意大利语与大家交流的能力有所提高，我和老师们之间的沟通也随之有所改善。

然而，重要的是，孩子们发现了我和老师在沟通方面有些问题，我们之间有一种特殊关系。老师能和我交谈，但我和他们交谈却有一点问题。很显然，我和老师之间的交流有点不容易。实际上，一些父母告诉我，他们的孩子回家后告诉他们："学校有一个美国人，他叫比尔，我们能和他很好地交流，而老师却不能。"简而言之，孩子们将我和他们的关系看作是打破老师控制的一部分。

我与孩子们所具有的一种特殊关系的性质成为学校的一件好事。在学校学习的最初阶段，所有的孩子们在一张白纸上画了自己的一个画像。后来孩子们的画像被放置在一个大组的画像里，其标题为"双塔学校孩子们在一起"。这张画挂在学前学校大会议室的墙上。"双塔"是学校的名字，从这幅大图画中可以看到学校课程的交流性（见图1）。

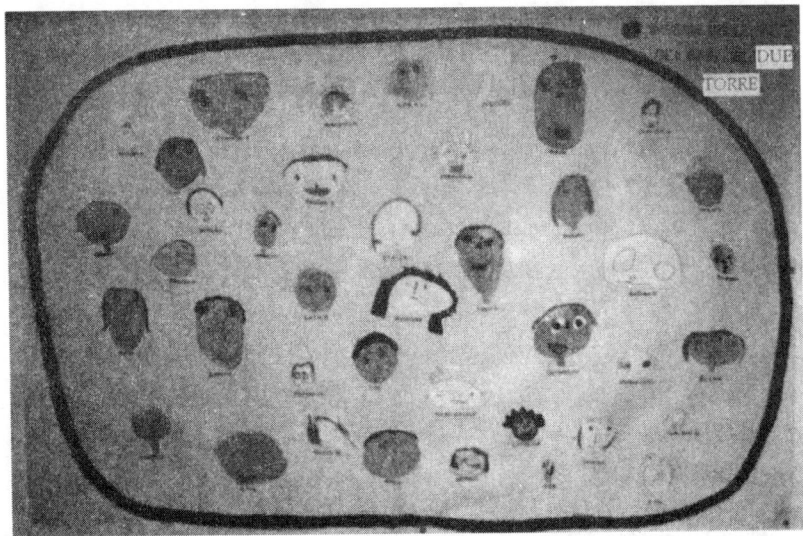

图1　双塔学校的孩子们

后来，老师要求孩子们说一些孩子们自己的事。老师们记下他们所说的事并进行了分类，将这些材料与班级画像和一些有关学习的资料放到每个孩子自己的档案袋中。在孩子们描述他们自己时，大多数孩子都描述了自己的身体特征，还说了他们的兄弟和姐妹、他们的宠物、他们都喜欢做什么等。有一个叫卡拉的女孩，只做了极简单的回答："我曾经有一个钱包。"尽管老师和她的同伴都劝她再多说一点，可她还是没说什么。我猜测她丢过钱包，而这个钱包对她而言非常重要。

当孩子们完成了他们的自画像之后，年龄大一些的孩子还可以画一些成年人的画像。这些画像包括老师，教工（在学校负责后勤服务的人员）和我。这些画像被放进较大的一组画像中，挨着孩子们的画像，标题为"双塔学校的成年人在一起"。在这幅画中认出我来并不难（见图2）。

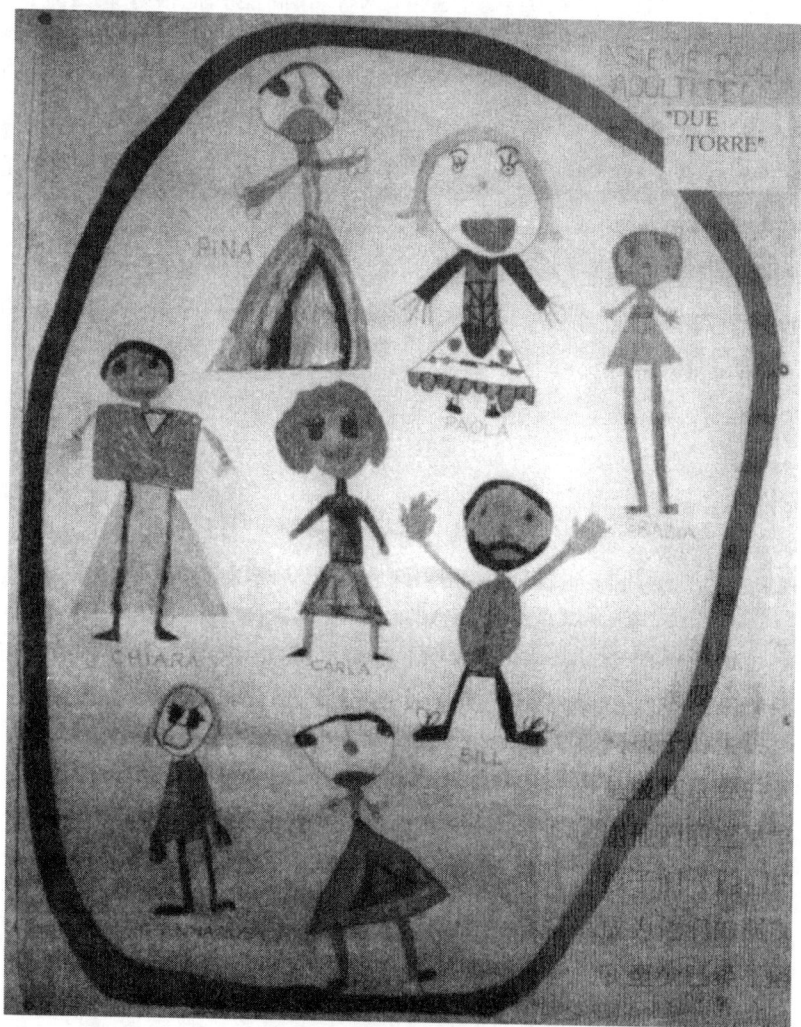

图2　双塔学校的成年人

孩子们讲述他们自己的一些事情之后，还有机会在小组会上评论和描述成年人。孩子们描述了老师和教工的外观特征，也说出了他们的一些个性特点。孩子们说有些老师非常和蔼可亲，但也有一点严厉；当孩子们做错事时，他们便大声训斥。现在我们已经掌握了孩子们绘画和描述的要点。下面是孩子们描述有关我的特征：

比尔是个高个年轻男人。他有着黑色的头发，褐色的眼睛，戴着眼镜，留着山羊胡子。他总是在学校，喜欢和孩子们一起玩，人很好。比尔是美国人，而不是意大利人，但他懂意大利语。与孩子们在一起，他的意大利语讲得非常好。

孩子们自己的描述很好地抓住了对我个人的理解，充满了他们对我的情感。在孩子们的眼中，我的个子很高，是年轻人（事实上，那时我的体重刚好比美国男人平均体重轻一点）。我是一个很好的人，因为我总是来到学校和他们一起玩。正因为如此，我被他们视为朋友。再者，虽然我是一个美国人，而不是意大利人，但我懂得他们的语言，我能够用意大利语与他们进行交流，所以我们之间保持着一种特殊的友谊。

尽管我的意大利语说得不错，但我还是有说错或没有听懂孩子们所说的话的时候。这时，孩子们总是在取笑我，小孩子更喜欢做这种事。通常孩子们将我在语言上的错误扩展到社会和文化知识等其他方面。

有一次，我们外出郊游去动物园和恐龙模型主题公园。在我们参观时，我（用意大利语）告诉年龄最小的一组孩子：我们正在看的恐龙和我在美国看到的恐龙生活在同一个地方。实际上我知道我是对的，因为这和公园说明牌上写的内容差不多。但孩子们却取笑我的说法。一个叫罗曼诺的男孩喊道："比尔，你在胡说吗？比尔说恐龙生活在美国。"然后他指着恐龙又说道："你真的看到恐龙住在那儿吗？"我给出了逻辑性的解释，而没有选择对我观点的不认同进行辩解。

我在意大利博洛尼亚地区一所学前学校作研究，一年后我又回到了这所学校。当我 1985 年 5 月再次回来时，3~4 岁的孩子又长大了 1 岁。与老师和孩子们的书信往来激起我要返回学前学校。当我到学校时，受到了孩子们的热烈欢迎，他们打出条幅，上面画着我的头像并写着"欢迎比尔回来！"。在交给我条幅后，孩子们簇拥着我，拉着我和他们拥抱与亲吻。在这欢庆的时刻，我注意到又多了一些新面孔——3 岁大的孩子，是那些在我不在时入校的。有几个更小的孩子羞涩地走过来摸摸我，想和我亲吻。

在那次欢迎活动之后，有一天，我正在与几个孩子坐在桌子旁，他们在玩木板游戏。我注意到一个很小的男孩从远处看着我，后来我才知道他的名字叫奥伯托。最后他走近我问道："你真的是比尔吗？""是的，我真的是比尔，"我用意大利语回答他。奥伯托笑了，看了我好几秒钟，然后跑开和其他小朋友玩去了。

我们所讨论的这些话题重要的是我在当地儿童和学校文化中的参与程度。孩子们对我返回学校所表示出的喜悦一定与我离开学校的时间长短有关。分离的确加深了友谊。我和孩子们的友谊超越了一个老朋友团聚所能给他们带来的喜悦。几位儿童人类学专家指出发展以不寻常的成年人身份参与儿童活动的重要性，正如我早些时候所指出的一样，我恰好是外国人，这一点对于我的参与也很重要。我有限的意大利语能力和缺乏学校工作经历曾让孩子们将我视为一个"不合格的成年人"，他们还想保护我，教我如何去做。

这些话题的第二个重要性是当我们研究儿童心理时，我们要抓住纵向人类学的重要性。这一领域最新的理论研究成果是对社会化和忽视儿童发展的传统理论的批判。传统的观点集中在个体的发展上，导致不能全面地观察儿童。新的方法避开了传统理论的个人主义偏爱，并强调集体活动与社会结构结合的重要性。纵向人类学对于这样的理论研究而言是一种理想的方法，特别是当记录孩子们在他们自己的文化中发展时，以及集中在孩子们生命中关键的转型期时。我返回学校的首要目的是朝着这个理想去扩展我的纵向研究工作。

让我们回到我们的故事中去考虑纵向人类学的多样性。我并不是简单地返回我的研究领域重新开始我的研究。继续我现在的研究，我和孩子们及老师进行深入的谈话，这些谈话涉及他们过去的经历。一系列有目的的活动加深和强化了一些非正式场合交流给我留下的记忆和情感。这些活动包括：阅读和讨论我给他们的信和贺卡；他们从我这儿得到的礼物（一个万圣节摇摆灯笼、巫婆、蜘蛛和鬼神等，连同玩具在一起的还有一个令人惊喜的说明）；他们寄给我的信和艺术品；我回来时他们的讨论活动；我回来时他们构思的宣传画；一系列的讨论和活动都是围绕我展开的，讨论我的家庭、我的同事、我的同学以及我的研究报告。

但是，我的回来并不意味着纵向人类学研究开始一个新的阶段，而仅仅是我研究的发展和继续。进而，儿童发展的真实记录和反应是很重要的理论，这种重要性是在儿童文化中从感性和理性上掌握儿童发展的天性。

最后是我和奥伯托的故事。在奥伯托进入学前学校的第一年与同伴和老师相互交流中，神秘的比尔对奥伯托来说已经很有传奇色彩了。这样，奥伯托比怀疑的托马斯更愿意知道我的身份。奥伯托对我的兴趣和迷恋说明了人类学学者应以参与者身份深入到他所从事的纵向人类学研究之中。虽然奥伯托需要证实我的存在这一事实，但他还是通过其他小朋友获悉关于我的信息，并从中受到很大的影响。例如，他很快就发现了我是一个不合格的成年人。

在我回来后的几天时间里，几个孩子告诉我一些当我不在时发生的事情。由于我有时不理解孩子们的话，故事不得不多次被打断。在最后一次叙述时，奥伯托加入到小组中猛地举起他的手笑起来："伙伴们！比尔，他什么都不懂！"于是，人们发现我成为了一个3岁孩子的笑柄，对于一个成年人而言，就很容易同情和理解在社会中处于较低位置的儿童。

印第安纳波利斯的头脑领先中心（1989～1990）——"一个新朋友"

印第安纳波利斯是我的故乡，在那里我遇见头脑领先中心的主任及和我一起工作的老师。我发现我们拥有许多城市里长大的经验。他们很快便接受我，让我进入了头脑领先中心。我计划每周访问该中心两次，持续一个学期，研究孩子们相互交流和他们的文化。然而，当我告诉他们这一计划时，一位老师表示怀疑，她问道："你为什么要这样做？"她坚信很快我就会觉得很无聊，或者很快便会找出我所需要知道的所有东西。但是，在我实现我的诺言，真的去执行我的计划，三周之后，老师们开始盼望着我的来访，我们之间建立起良好和谐的关系。

和孩子们相处也变得好起来，我要求自己很快地加入到孩子们的游戏之中。然而我在头脑领先中心早期的经历是一种完全新颖的感觉。在头脑领先研究中，感到不同的是我是一位白种人，但主要是与黑人孩子和妇女在一起。在我的生活中我第一次花费了相当多的时间在适应环境，因为我成了少数民族，在头脑领先中心除了一个教职员工是白人外，所有的孩子都是非洲裔美国人。虽然我非常清楚地意识到这个事实，但孩子们似乎并不关心这一点。过了几周，一些孩子来问我是否是布瑞顿的父亲（一位拉丁美洲裔男孩的父亲）。我说我不是，并告诉他们在学校里我就像他的父亲一样跟他一起玩。在开始进行研究的约两个月后，有一个叫塔莫拉的女孩走近我说："比尔，你是白人！"虽然我不知道她说的确切意思是什么，但我回答说："是的，我是白人。"情况就是这样。

在学校里的第三周，发生的一些事情对孩子和他们的老师都很重要，那就是我被孩子们和老师所接纳，并参加他们的活动。头脑领先中心位于一座较老的小学校里，与大多数学前学校不同，孩子们的教室里没有卫生间。学前班的孩子们经常需要去卫生间，由于他们太小不允许他们单独去教室外面的卫生间。

因此，需要有一位老师将孩子们编成组带着他们去教室外的卫生间，每段课去两次。我沿着这条路线观察老师领着一组孩子来到教室外的卫生间。她送3～4个男孩进入男卫生间，送同样数量的女孩进入女卫生间。老师等了几分钟后，分别进入每一个卫生间催促孩子们回来。之后，她又带下一组孩子，直到所有的孩子都轮流去完厕所。老师提醒孩子们排好队慢慢地、安静地走回教室以免打扰其他班级的学生。

我断定对于老师而言这并不是一件有趣的事。尽管如此，有一天当一位老师让我带领上午组的孩子们去卫生间，我还是感到惊讶。这个请求看似很合理，这毕竟不是一件难事。此外，以前当老师带着孩子们走的时候，我总是跟着他们，我自己为什么不带着孩子走呢？

问题是我不想让孩子们把我看作是一位权威人士，并且我曾和老师们讲过我在作这方面的研究。尽管如此，很显然老师们认为这点小事不会给我带来麻烦，当他们要求我帮忙时，他们没和我打招呼。我决定最好是同意帮忙，并希望这将不会对我与孩子们之间的关系造成太大的挑战。结果，比我预期的要好得多，至少我带孩子们第一趟去卫生间是这样。

事情开头很好。当老师说我将要带他们去卫生间时，我注意到孩子们的脸上显露出一丝微笑。当我们走出教室时，我告诉孩子们要表现出最好的行为。在楼道和下楼梯时，他们真像个小天使。没有人说话，没有人跑动，队列排得很齐。他们也非常有秩序地排队依次进入卫生间。

我送前4个男孩（查尔斯、卢克、约瑟夫和安特万）排队到男卫生间；还送了4个女孩（茨米拉、塔莎、米歇尔和拉蔓卡）到女卫生间。几分钟之后，我听到男卫生间里传来嘈杂的声音。

"他们在卫生间做什么呢？"耶利米问。我也正在问自己相同的问题。当我走入卫生间察看究竟时，我立刻意识到麻烦来了。约瑟夫将卫生纸卷成团掷向其他3个男孩。安特万正站在水池边，打开水龙头，用手玩水，地上全湿了。与此同时，查尔斯和卢克站在小便池边大声地笑着，并试图将尿撒到邻近的小便池中。

"嗨！孩子们，"我说，"马上停止，快出来。"

"你不能告诉我们要做什么"查尔斯说话时正直着身子，往小便池里撒尿。

"是，查尔斯说得对。"安特万补充道"你又不是老师。"

这时外面传来很大的吵闹声，我赶忙跑出去。所有的孩子认为该轮到了自己进入卫生间了，并要求我允许他们进去。布瑞顿是最突出的一个，他喊着："我要撒尿！"我不得不亲自过去减少麻烦。我来到这个男孩子身边，我明白严厉对待他们是没有用处的。查尔斯和卢克现在已经参与到约瑟夫扔纸团的举动中来，当我要求关掉水龙头制止安特万玩水时，其一个孩子将纸团打中我的后脑勺。

在男孩们向我挑战之前，我说："我不是老师，但是格林老师和她的班马上就要过来了。如果你们哪个家伙不出来，我们就都有大麻烦了。"

"是，比尔说得对，"查尔斯说。"我们最好都出来。"

另一个男孩也同意我所说的并很快地带领其他的孩子走出来，其中包括布瑞顿，他以最快的速度跑出来。感谢上帝他的裤子还没湿。这时，我才意识到第一批进去的4个女孩还没有出来呢。果然，从女卫生间里也传来了很大的吵闹声。我伸过头看过去，塔莎喊道："不许男孩子进来！"，教师们没有这个问题，女教师可以进入男卫生间催促男孩。我决定接受塔莎的警告。无论如何，我还是要准备应付这种情况。

"格林老师和她的班马上就要过来。"我大声说。

"哎哟，"我听见米歇尔在惊叫。

"喂，我们走吧，"茨米拉说。很快4个女孩全部走出了卫生间，其余的女孩进去了。

第二批孩子在周围玩了起来，但是他们很快注意到了我的警告——格林老师的班级快要来了。不久后所有的孩子都去过了卫生间，我们排好队准备往回走。有几个孩子脸上洋溢着笑容，查尔斯说道："和比尔去卫生间真好玩！"现在我们开始回教室，孩子们个个表现都很好，就如同他们来时的表现一样。

回到教室，琼斯老师说，"你们等一会儿，你们最好不要给比尔添麻烦。"

"我们做不到。"查尔斯冲我笑着说。

"我们喜欢和比尔一起去。"塔莎补充道。

我感到很安全了。我已经清理完了所有的卫生纸。男孩卫生间的地面仍然有些湿，但当格林老师的班到来时，地面的水很可能就干了。

几天之后，有关我负责送孩子们去卫生间的消息传到了下午的班级，他们也要求我负责送这个班的孩子去卫生间。前一次送孩子去卫生间，他们有点为难我，但是这次我做了更充分的准备。其实，我担当的这个角色使我更接近孩子们，因此他们总是想借去卫生间的机会玩一下，但这给我却出了点难题。他们知道平时他们是不能随便大声玩闹的。随着与意大利孩子相处时间的增加，我们积累了一定的经验，在老师不在场的情况下，我可以和孩子们相处很好。因为我的身份很特殊，是一个爱玩的成年人。

随着时间的推移，在学校里，我越来越多地参加孩子们的活动。头脑领先中心的孩子们喜欢相互间彼此取笑，很像人类学家马乔里·古德温称之为"针锋相对的谈话"。这类相互嘲弄和取笑很少被孩子们看成是侵犯对方。事实上，聪明的反驳经常是欢乐的笑声和这样的话："好样的"或"你肯定告诉她！"

数个月之后，我逐渐习惯于接受来自孩子们语言上的嘲讽，有几次我还回了他们几句。有一次，查尔斯曾注意到来自当地社区的一些青年男子，他们来到教室帮助老师准备即将要举行的庆祝活动。我和查尔斯及其他小朋友围坐在餐桌旁吃饭，查尔斯问："在欢庆会上他们要表演打击乐吗?"

"是的，"我回答，"他们会在你的头边敲打!"

所有的孩子都哈哈大笑，查尔斯也在其中，他说，"真棒，比尔，你真棒。"

在头脑领先中心的最后一年，我开始做一些录像带。我在学校所有的地方都拍摄过，并且我拍摄所能接近的任何目标，而且我有一位助手帮助制作录像带。在这个实例中，我的学生凯瑟琳·罗西尔制作了一盘录像带，之后她采访了一些孩子的父母。当我和凯瑟琳与一起走进房间时，赛米拉跑过来问我："比尔，她是你的妈妈吗?"我回答凯瑟琳做我的妈妈太年轻了。我说她是我的朋友，她将会帮助我录制一个关于儿童的录像带。凯瑟琳比我年轻许多，很显然她不是我的母亲（她的确看上去是这个样子）。但是这时孩子们已经接受了我作为他们中间的一分子，和孩子们一起来的大人通常是他们的父母。

意大利莫德那（1996~2001）——"一个新来者"

在意大利的莫德那，我和我的意大利同事露易莎·莫林那开展了一项研究任务，研究孩子从幼儿园到小学低年级的成长过程。之后，我们通过观察和面谈跟踪研究5年，研究的主要焦点集中在学前班的最后5个月和小学一年级前4个月。

在莫德那的第一天对我来说是一个挑战。我是第一次来到学前学校，一位真正的新来者。在以前的研究中，我曾在学期的开始进入学校，至少对于一些孩子而言，如同我一样，学校的环境对他们也是全新。此外，在这个实例中，不仅我在学期中间才进入小组，而且几乎所有的孩子和老师们都已经相处了两年半之久。我来到学校的第一天，很多孩子和学校教职工对我十分好奇，因为他们认出我是一个外国人。

由于我过去做过研究，我到过孩子的游乐区，坐下来，观察孩子们的活动。在最初的几周里，这群孩子中几个年龄较大的孩子和更活跃一些的孩子常常告诉我发生着什么。在一般情况下，他们还照顾着我。他们陪伴我去上音乐课和英语课，我多次听到他们将我介绍给学前学校里的其他4~5岁的孩子，他们介绍说"比尔也是我们班的!"

尽管孩子们非常喜欢我出现在他们的班里，但是像博洛尼亚的孩子们一样，这些孩子也取笑我的发音错误和糟糕的语法，并常常对我说："我们什么都听不懂"。还有几个孩子常常轻轻拍着我的肚子嘲笑我的大肚子。在做了三周的观察之后，有一天，我来到一个游乐区，坐在女孩卡罗塔旁边（她经常跟我开玩笑），当时还有几个女孩也在那里玩洋娃娃。卡罗塔突然掀起我的衬衫，把娃娃塞进我的衣服里，向众人喊道"快看，比尔怀孕了!"然后她又将娃娃从我衬衫里掏出来，孩子们一起哈哈大笑。

孩子们也很快打消了对我的看法和要求。有一次，正当我在外面的院子和几个孩子一起玩时，我注意到达瑞欧、罗那多和威勒瑞找来了一些棍棒放置在攀登架下的地面上。他们保护着那些棍棒以防其他孩子拿走，并且在一起讨论有关火的话题。这时我提醒他们，印第安人钻木取火的故事。罗那多和威勒瑞想照着这种方法去试一试，但是达瑞欧明确地说"比尔，你疯了。你不知道你在讲什么吗？那样做是不行的。"其他孩子马上认同他的看法，并改用棍棒搅动树叶。

另一方面，孩子们也明白成年人肯定有一些技能对他们很有用。曾经有一次罗那多、安吉罗、马里奥和达瑞欧在一起玩塑料连接搭建玩具。他们递给我一些连接在一起的组件问我是否能将它们拆开，我欣然接受了这项任务。但很快我便发现塑料拼板之间连接得太紧，超出了我想象的程度。我用力去拆开它们，但是一点都没用。乔凡娜老师笑着走过来说，孩子们已经发现一个很实用的方法。我猜到可能是很多块拼板粘在一起很长时间了。我差不多要放弃，但我还是试着握着一块放在桌子的边沿上，用另一只手移到另一边。我猛烈地推着塑料拼板用力将它们拆开了。安吉罗和罗那多喊道："比尔，你真棒!"他们马上又给我几个粘在一起的拼板。按我发明的方法去做，很容易地分开了最初的两块。但随后我遇到了麻烦，有几块粘在一起怎样也分不开。这时几个男孩仿照我的方法也获得了成功，因此，我便把那些未能分开的放在那里。后来我又注意到安吉罗和马里奥正在将所有已分开的拼板收集到一起，将它们放回箱子里。他们告诉其他孩子是比尔将粘在一起的拼板分开的，而他们却做不到。我有些好奇，连接板是否会重新粘在一起？在这种情况下，我继续做着这个我不愿意做的事情直到乔凡娜说打扫教室的时间到了我才终止。

我在学校观察了5周之后，一天早晨，乔凡娜老师正在给孩子们读《绿野仙踪》（Wizard of Oz）中的一章。大约读过10分钟后大家正在讨论，有人叫她去接电话。她走时将书递给了我，建议让我继续给孩子们讲这个故事。孩子们意识到这对我来说是一项很难的任务，他们一边拍手一边叫喊，他们认为这个主意真好。很快我便出现了一个发音错误，"scarecrow"一词意大利人读作"spaventapasseri."。孩子们嘲笑我，他们笑我读得结结巴巴的。当我身处困境时，有些孩子大笑，甚至从椅子上摔落下来。我感到越来越难读，似乎每一个句子中都有一个"scarecrow"。令我欣慰的是，这时候乔凡娜老师回来了，她问情况怎样，孩子们笑着说我读的不好。桑德拉喊道："我们什么都听不懂！"随后乔凡娜老师将书从我手里拿了回去，但是孩子们喊道："不，我们想让比尔接着读。"我又接过书，在孩子们的笑声中又艰难地读了几页，我急忙将书再次还给了乔凡娜，并说："该你了。"

孩子们反映我在读写两方面存在语言问题，与我早期研究博洛尼亚孩子的读写有所不同，在那里读写并不是课程的主要部分。在莫德那地区，对于5岁年龄段的孩子们，在学前学校最后几个月里，他们每天都被安排有读写的课程或与之相关的活动。尽管他们取笑我的错误，但是他们知道我能读出来的，在一定程度上，他们可以识别我语言上的错误。其次，莫德那的孩子们也要学习英语，他们明白我完全掌握这门外国语，而且学英语对于他们来说也是非常困难的。简而言之，在他们中间的这个新来的成年人可以信赖，这个人可以和他们分享一部分他们共同拥有的经验和挑战。

语言是孩子与老师接受我的重要途径。由于我很早就在博洛尼亚工作，所以我的意大利语提高得很快。在莫德那的学校里，我可以和老师们用意大利语交谈。尽管如此，老师们（卡拉和乔凡娜）还是认为我的意大利语讲得很不流利，因此喜欢以此与我开玩笑。

在一次学习活动中，要求孩子们展示一些家庭日用品，然后将它们装进一个袋子里。老师要每一位同学将手伸进袋子里，不能看，只是凭触觉，识别他们所摸到的东西，然后将它们从袋子里拿出来。在每位同学都轮过之后，卡拉要求我也去试试。当然她知道我做这个肯定没问题，但她怀疑我是否知道这些东西的意大利名字。我摸到一个开瓶器，并马上意识到我有麻烦了。我有点结巴，然后用意大利语说道："它是一个用来开东西的东西。"卡拉和乔凡娜大笑起来，总是能很快作出判断的桑德拉喊道："比尔，我们都叫它开瓶器。"

还有另一个例子，孩子们在一次英语课上要学唱英文歌曲《一闪，一闪，小星星》。英语老师约瑟夫先让全体孩子用意大利语唱一遍，然后再让他们一句一句地用英语唱。接下来他又将孩子们分成4个小组，让每一组用英语唱一遍，并给出一个分数，从1~10分。乔凡娜一直在观摩这节课，她建议用英语唱一遍给孩子们做个示范。我意识到这是一个好机会，我唱得很出色，约瑟夫给了我一个完美的分数。

"现在我们用意大利语唱一遍，"乔凡娜说道。

"能让孩子们再用意大利语为我唱一遍吗？"我向约瑟夫要求。

他们在唱，我走近他们认真地听。然后我开始唱，但是在唱过最开始的两段后，我有点记不清歌词了，便结结巴巴地只吐出几个单词，最后我完全停了下来。乔凡娜和孩子们大声冲着我笑，约瑟夫给我打了零分。

7月上旬学期结束时，我已经和孩子、老师以及许多家长相处得非常好。到秋天我能够和孩子们一起进入小学感到非常高兴。21个孩子中的16个（有5个孩子去了其他的小学）被分到一年级的4个不同的小组里。我每天在不同的小组里进行观察，并经常花费星期五的时间拜访学前学校的老师，这些老师教3岁小朋友的新班级。开始，在小学里，来自我所工作的学前学校的孩子们和我拉关系，他们说："比尔是属于我们的！"然而，在几周之后，我认识了所有的孩子，这时候我便在12月份离开，孩子和老师把我视为一年级的一员。我记住了小学里的每一个孩子和他们的老师的名字。

我工作在一年级的时候发生的一件事使我记忆犹新。那是在1996年10月中旬，我已经与一年级的孩子们相处了一个多月了。我在一年级B组。勒蒂斯老师正在搬桌子，因为A组的孩子们要来参观教室。我也在帮着搬，这时我感觉地面开始晃动，地震了！

"我们必须让孩子们跑出去，"勒蒂斯边说边行动起来。

我想我必须在房间里照顾一些孩子，勒蒂斯要去照顾在走廊、卫生间和A组教室正在参观的孩子们。所有这一切只是发生在瞬间，大地只是颤抖了几秒钟，我似乎像站在果冻上。以前我曾经历过几次地震，但这一次地震颤抖给我的感觉却与以前不同，令人恐惧。我拉起教室里的5个孩子急忙往外跑，我看到了老师和学生聚集在学校大门口，他们组织得很有秩序，以班为单位，班里面有小组。有些年龄大一点的孩子受到惊吓一直在哭，而颤抖已经停止了。我环顾学校周围一些高的建筑物，但是没有发现受到损坏。

当我带着B班一些孩子跑出来时，我注意到自行车车棚底下有几个一年级的孩子，他们在避雨。老师立刻喊他们出来，因为棚子不安全，很快就有可能倒塌下来，孩子们很难逃脱。这时一个叫马里奥的A班男孩，是我曾工作过学前学校的学生，他想跑回教室。我开始跟在他的后面，一位老师超过我，并带着马里奥回到他所在的小组中。

"我要拿我喜爱的铅笔！"他解释道。

"你疯了吗？"老师说。"这是地震，地震过后你再去拿笔。"

当老师说发生地震的时候，曾在学前学校一直和我在一起，现在B班的几个孩子尽力靠近我，并抓着我的胳膊和腿。又过了几分钟之后，一切都平静下来，老师让一年级组的孩子们站在一起围成圈。来自于A、C班和D班，曾经在学前学校上过学的孩子跑来找我，他们问："比尔，你们班也感觉到地震了吗？"

第二章　"我们做朋友，好吗?"

儿童文化中的共同分享和社会参与

　　理查德和芭芭拉在伯克利的一所学前学校的活动区里一起玩了好一会儿。他们彼此坐得很近，用小塑料拼块搭建着什么。他们彼此没说话，似乎没在一起玩。对于他们的这种行为，许多心理学家称之为并列游戏。

　　突然，理查德看着芭芭拉说道："我们一起玩吧。"

　　"不过——啊——我们做朋友，好吗?"芭芭拉问。

　　"好的。"理查德说。

　　现在两个孩子一起玩起来，他们开始搭建一座房子。

　　正如这个例子所证明的，孩子是爱交际的。他们想要加入、参与并想成为小组中的一部分。在学前学校多年的观察中，我很少看到孩子们愿意自己单独玩游戏。当孩子们独自游戏或并列游戏时（在幼儿时期，孩子们通常挨着玩自己的，没有真正意义上的并列游戏），这样的游戏很少能保持长久，他们很快就在一起玩了。

　　我们很奇怪孩子们是如何在一起和谐地游戏，就像理查德和芭芭拉那样，当他们想要一起玩的时候常常说："我们做朋友，好吗?"每当这时候，我也在分享他们的快乐。共同分享和社会参与是儿童同伴文化的核心。

　　然而，儿童同伴文化确切的含义是什么呢? 我使用了术语"同伴"明确地为之定义，即是一群儿童，他们几乎每天都要在一起度过很长时间。我的关注点在于本地的同伴文化，这种文化主要是通过面对面地相互作用而产生和分享的（当然，本地文化是包括不同群组的儿童，可以根据年龄或地域来界定，例如，在美国是指所有 3~6 岁的儿童）。孩子们形成了一系列本地同伴文化，成为其他儿童和成人更为广泛的文化的组成部分，并根植于这些文化之中，丰富了与之相关的其他儿童和成人文化。

　　有关同伴文化的传统研究工作大多集中在青少年身上，并涉及同伴经历对个人发展的影响（正面的和负面的）。这项工作的大部分具有一种文化的机能主义的观点，即认为文化是由主观化的共有价值和指导行为的规范而组成。

相反，我将文化看成是公众的、集体的和可执行的，因此，我们将同伴文化确定为由儿童创造并且在同伴间相互作用下产生的一系列活动、日常行为、手工艺品、价值观和共同关注的事物。正如我在前言中所提及的，在同伴文化中有两个基本主题：儿童既想要获得他们自己生活的控制权，同时又想要与同伴共同分享控制权。在这本书中，我们将要思考许多有关反映同伴文化的活动、日常行为，并探讨孩子们如何参加这些日常活动来表现他们的共同价值观和所关心的事物。

本章我将探讨一些活动和日常行为，这些活动和行为反映同伴文化中最基本东西——分享和控制。让我们再回到理查德和芭芭拉游戏的案例中。

"你不是我们的朋友"：相距保护

当理查德和芭芭拉摆弄着他们的玩具在一起搭建一个房子时，另一个女孩，南希（她与芭芭拉同在一个活动区）正坐在离他们不远的地方看着他们。她终于走过来，紧挨着芭芭拉坐下，表示出她要与他们俩一起玩的意图。

"你不能玩。"芭芭拉说。

"对，"理查德同意。

南希起身走开，在离他们远一点的地方坐下看着他们搭建房子。然而，几分钟之后，她走开了，去了学校的另一个活动区域。

每当我看到孩子们拒绝同伴加入进来一起玩时，我都会感到很不舒服。在一些场合，这种拒绝令人感到非常残酷。

芭芭拉和贝蒂一起离开饮水房来到积木区，并开始收集积木和动物玩具。我意识到这是观察儿童开始游戏的极好机会，所以我快速进入这个活动区，并在靠近他们玩的地方坐了下来。

芭芭拉注视着我，并说："瞧，比尔，我们在搭建动物园。"

"非常好，还有许多动物呢。"我回答道。

贝蒂注视着我说："是的，我们是动物园管理员。芭芭拉，对吗?"

"没错，"芭芭拉回答。

两个女孩子用积木建了一个小小的围栏，将动物玩具放到里面，她们俩彼此交谈她们要做什么。这时，贝蒂在靠近我的地方放了一些动物玩具和积木，说："这是你的。"

根据孩子们的指令，我搭建了一座小房子，并将一些动物玩具放了进去。

积木区铺着地毯，这时我注意琳达站在地毯边上看着我们玩。过了一会儿，琳达走过来，靠近芭芭拉坐了下来，并拿起其中一个动物玩具。

芭芭拉从琳达那里抢过玩具，对她说："你不能玩。"

"不，我能玩，"琳达反驳道。"我也可以有一些动物玩具！"

"不，你不能玩，"芭芭拉回应，"今天我们不喜欢和你玩。"

"你不是我们的朋友，"贝蒂说，以此表示支持芭芭拉不带琳达玩的主张。

"我也能在这里玩，"琳达说，她拒绝让步。

"不，她不能……她不能玩，贝蒂，对吗？"芭芭拉问。

"没错。"贝蒂肯定回答。

这段对话使我很烦恼。我想我应该按一个人类学家的思想去做，而不要像一个典型的成年人那样行事，我试图将自己处于这场争吵之外。但是，这时琳达转向我，问道："我能有一些动物玩具吗，比尔？"

"你可以拿些玩具，"我边说边将我的一些玩具给她。

"她不能玩，比尔，因为她不是我们的朋友。"芭芭拉说。

"为什么不行呢？"我向芭芭拉和贝蒂问："你们昨天不还和她一起玩呢吗？"

"对，但今天我们不喜欢她，"贝蒂急忙说。

这个回答让我很受伤害，甚至感到极为不舒服。琳达说："我要告诉老师去"。听到这话，我才略有放心。琳达离开了，过一会儿，她和老师一起回来了，老师问孩子们，"女孩们，琳达可以和你们一起玩吗？"

"不，"芭芭拉回答，"她不是我们的朋友。"

"为什么你不能和所有的同学做朋友呢？"老师问。

看来这个问题让芭芭拉生气了，她耸耸肩喃喃而语："不。"

"我们到外面去吧，芭芭拉"贝蒂建议。两个女孩离开这儿到外面院子里去了。琳达挨着我玩了一会儿动物玩具，然后也起身走进饮水室。

大多数成年人都会被芭芭拉和贝蒂的行为惹恼。为什么她们不让琳达一起玩呢？为了回答这些问题，我们需要抛开成年人关于分享和友谊的观念，而从儿童的观点出发考虑问题。

让我们回到第一个实例，即理查德和芭芭拉搭建房子的实例中来。最开始他们俩在并列游戏，没有合作，且缺乏共同的兴趣点。但是一旦他们开始一起玩了，便很快地认同他们彼此是朋友。对于年幼的孩子而言，他（她）将与其一起玩的孩子视为他（她）的朋友，并经常地将那些不在一起玩的孩子看作是对友谊的一种威胁。然而，这个案例说明了什么呢？为什么孩子们对再加入一起玩游戏如此反感呢？

作为成年人，我们可以很容易地停下正在进行的交流和谈话来处理一些事情，如接电话或安抚正在哭泣的婴儿，然后再继续进行先前的事情。但对于3～5岁的孩子却不是那么容易，建立并维护孩子同伴间的交流对于他们来说具有挑战性，他们要在这一过程中发展所需要的语言上和认知上的沟通与社交技巧。此外，大多数学前学校的社交环境增加了同伴们相互交流的脆弱性。一个学前学校的游戏区是一个多种活动的区域，非常像鸡尾酒会，有很多的孩子，他们成群地在一起玩。从以往的经验可以得，孩子们常常为了游戏而争吵（"谁应扮演妈妈，谁应扮演孩子？""这块积木应该放在这儿还是那儿？"），其他的孩子也许也要来玩或拿走所需要的东西，或者一位老师告诉孩子们该扫除了。孩子们很难将游戏再继续下去，当时就像有人总是把事情搞乱一样。

孩子们保持距离并非出于自私。事实上，他们并不拒绝与同伴分享，但他们更愿意分享他们已经得到的东西。再次看一看贝蒂、芭芭拉和琳达的事例。贝蒂和芭芭拉一起进入积木游乐区，很快她们便决定了玩的主题，搭建一个动物园，她们要做这个动物园的管理员。她们在玩时，我开始靠近她们坐下，但不打算参与她们的游戏，也不干涉她们，不向她们提问。当她们确认我是她们的一个成年朋友，并不打算干涉也不试图指挥她们的游戏时，女孩们告诉我她们正在做什么，并提供给我一些玩的东西。在另一方面，她们认为琳达具有威胁性，她不请自来，所以她打算与大家一起玩的要求很快就被拒绝了。

琳达坚持她有权与大家一起玩，其他女孩则认为这种坚持对她们的游戏是一种威胁。我没有提醒贝蒂和芭芭拉，她们以前曾与琳达一起玩得很好来帮助琳达加入游戏中来，老师说"大家都是朋友"这话也不管用。事实上，贝蒂和芭芭拉已经被老师的干涉惹恼，她们继续玩自己的。琳达发现自己很孤独，便很快地离开这里出去寻找更适合自己的玩伴去了。

我认为对于孩子们之间发生的冲突，成年人不应该总是干涉他们。的确，成年人（特别是学前学校的老师）需要在身体上和情感上保护孩子以免受到同伴的伤害。但在遇到这种婉转地拒绝的情况下，老师也应该做出恰当的反应来帮助琳达。这样对于贝蒂和芭芭拉来说也有好处，她们需要得到提醒，她们应该让其他小朋友也加入到她们的游戏中来，这不会对她们的游戏产生威胁。最后，如果像贝蒂和芭芭拉这样的行为经常出现，并且被老师忽视，则有可能导致孩子们对其他同伴变得愈加无礼。至今为止，我们成年人不应过分地期望孩子们能够很容易地接受我们这样的忠告，我们也不应该有这样的假想：即我们可以很容易地教育孩子如何进行交际。成年人对于孩子是有帮助的，但是孩子们常常是共同地彼此相互教导如何融洽相处。

这里有另一个例子。游戏再次涉及贝蒂，这次她是和詹妮一起在外面的沙箱旁。女孩们玩准备午餐的游戏，她们将沙子放入罐子、平底锅和茶壶里，我在很近的地方看着她们。突然黛比过来了，紧接着便发生了下面的事情。

黛比走近沙箱站在我身旁，近距离地看其他两个女孩在做什么。看了大约5分钟，她开始围着沙箱转了3圈，然后停下来再次站在我的身旁。又看了几分钟后，她走到沙箱旁去触摸茶壶。詹妮急忙将茶壶从黛比身边拿走，并喃喃而语："不能动。"黛比返回重新站回了我身旁，看着詹妮和贝蒂的举动。贝蒂正往平底锅里放沙子，于是黛比靠近她。

黛比看了贝蒂足足好几分钟，然后她说："我们做朋友，好吗，贝蒂？"

贝蒂连头都没抬，继续往平底锅里放沙子，她说："好。"

黛比现在移到贝蒂身旁，拿起平底锅和一个勺子，开始往锅里放沙子，并说："我来煮咖啡吧。"

"我来做蛋糕。"贝蒂回答说。

贝蒂现在转向詹妮，说，"我们扮妈妈，好吗，詹妮？"

"好，"詹妮说。

三位"妈妈"继续在一起玩了20多分钟，直到老师宣布扫除的时间到了。

在这个例子中，我们可以看到黛比是如何克服其他小朋友的抵制而成功地参与到她们的游戏之中的。她达到这一目的是使用了我们称之为"靠近"策略，即：持续不断地交流。首先黛比将自己处于活动的区域附近，这是一种策略，我称之为无语言进入。没有得到回应，黛比一直在观看小朋友的游戏，之后她围着沙箱绕圈（我称为环绕）。一些儿童问题研究人员将黛比的表现叫做"旁观者行为"，并认为这是一种胆怯的表现。无论如何，观察孩子想加入其他孩子的社会交流十分重要。虽然幼儿的游戏一直是我们研究的重点，但我们不能依据简单的、随意的案例来研究儿童的游戏。尽管出现旁观者行为，但它通常是较为复杂行为的一部分。观察儿童相互交流的全过程，我发现想参与的企图设计一系列的策略，环环相套。

在这个案例中，黛比无论是原地不动还是在走动的时候，都在仔细地观察其他小朋友在做什么。利用观察到的信息，她想要进入活动区域与其他小朋友一起玩游戏。虽然这常常是一种成功的靠近策略，但在这个实例中一开始还是受到了抵制。尽管如此，黛比并没有放弃，而是做了更多的观察，并再次进入活动区表示出与其他小朋友建立友好关系的愿望（"我们做朋友，好吗？"）。贝蒂给予了积极的回应，但是没有明确地邀请黛比一起玩。因此，黛比重复她以前的策略，正如其他孩子所做的一样，她用语言表达她要做点什么（"我来煮咖啡吧"）。这时，贝蒂表示出无所谓，并有愿意让黛比加入的意思，她正在做东西（蛋糕）。之后，黛比又进一步确定了她的新地位，她说"我们扮妈妈"

这个主意得到了詹妮的同意。这时，黛比成功地加入到游戏中。

黛比最终取得了成功，人们可能会奇怪为什么她不是简单地走过去说："你们好！"、"你们在做什么？"或"我能与你们一起玩吗？"，我发现学前班的孩子们很少采用这种直接的策略。一个原因是他们想要得到立刻的回应，但回应常常是否定的。请记住我前面提出的相距保护的问题。孩子们害怕其他小朋友的加入可能会破坏他们已经达到的备受珍视且极其脆弱的共享模式。很直接想加入的语言，像"你们在做什么？"，"我能一起玩吗？"或者频繁地听到"你不能独占呀！"，实际上意味着你并不知道结果如何，可能会引起麻烦。

我们再一次明白了为什么成年人要有儿童的视觉是十分重要的。有时候看起来好像孩子的行为是很自私的，但实际上他们是想要保持现在的分享。进一步地说，他们想通过采取积极的行动来阻止其他小朋友的加入，但仍然有一些孩子从中学到了复杂的策略以使他们能够加入游戏中来，和其他小朋友一起活动。更重要的是，孩子们在这种多人一起参与的活动模式中所发展起来的加入与参与技巧对于成年后的社交能力起到重要的作用。想象一下你自己在一次聚会上的表现。你来到晚会上，去取饮料，然后又去了卫生间或去做其他类似的事情。你就像学前班的孩子一样，不希望一个人独自待着。

你做什么呢？你不可能走近一个小群人，说："你们好！""你们在聊谈论什么？""我能和你们一起聊吗？"。你很有可能站在一小群人的旁边，听着，看着他们在谈论什么，打算加入他们的谈话。简而言之，你最恰当的表现就是像先前的例子中的黛比那样去做。无论如何，还是有一个不同。在对话中，成年人不可能对想加入他们聊天的同伴说"你不是我们的朋友。"或说"走开！"来阻止他们加入谈话，成年人会表现出明显不理睬的信号来表明他们要说的什么。作为成年人，我们学会了更老练地行事（虽然做得并不总是像我们希望的那样好）。

到目前为止，我所介绍的关于相距保护的例子全部来自于伯克利的学前学校。随着时间的推移，在这个学校里，孩子们在相互参与的活动方面变得更加熟练，相距保护的要求也少一些。我发现在我研究过的所有美国学校相距保护的行为都有一个相似的模式。然而，在意大利就有所不同了。

在意大利的莫德那地区，在我来到这儿之前的两年半时间里，孩子们喜欢在一起玩，相距保护行为很少见。只有在游戏中，没有地方供新来的孩子玩时，或者当一个孩子想要加入一个其他孩子正在玩的游戏而他们不希望被打断时，才会出现相距保护的现象。但后一种情况很少见，通常发生在男孩想要打断女孩子正在玩的游戏时。

在意大利博洛尼亚，学校开学后最初的几个月里，孩子们在学校的大型室内活动房里玩时，他们经常采取行动保护他们自己的活动空间。和我所研究的美国学校不同，意大利学前学校的活动室均被分隔为一小块一小块的活动空间（像书架或小柜子），在前学校的活动室里有一个较大的活动区域，所有的椅子靠着墙围将这个活动区域围起来。其结果是孩子们常常拿着玩具到房间里的各个活动区域里去玩，并组成小组跟他孩子一起玩。如果其他孩子能很容易加入进来，那么这种小组也极容易解散。

下面是我记录的一个案例。博朗娜（3 岁）和辛兹娜（4 岁）正在活动室的中间用乐高拼块搭建一所房子。女孩子们将许多动物玩具放到搭建好的房子里面，但几次被打断后，孩子们变得非常沮丧，其中还包括曾试图加入进来的其他 3 个小朋友。这时，女孩们开始沿着墙面摆放椅子，椅子是盒子形状的，座位的上下有一个相等的空间。当她们接触到椅子时，女孩们将她们的玩具房子和玩具动物放到椅子下面，然后坐到椅子前面来，隐藏起她们的玩具以避免被其他小朋友直接看到。

博朗娜说："我们在这儿玩。"

"没人来这儿。"辛兹娜补充道。

几分钟以后，吉娜出现了，并坐在椅子上，紧挨着正在椅子下面玩着的其他女孩。最初，博朗娜和辛兹娜没理睬吉娜，但当她试图坐到地板上伸手去拿一个动物玩具时，辛兹娜推她说，"走开。"

吉娜坚持她也可以玩，但博朗娜和辛兹娜说不带她玩。博朗娜将积木从吉娜身边拿走，她和辛兹娜继续玩着。可是吉娜并没有放弃，她继续去拿动物玩具，并说她有权利玩。最后博朗娜和辛兹娜丢下她们的玩具房子和玩具动物到活动室内的其他活动区域去了。吉娜自己玩了一会儿玩具，也离开这里去找其他伙伴了。

虽然这个例子和我在美国观察到的许多实例相似，但后来我在博洛尼亚观察到的孩子们在一起游戏的几个情节与之完全不同。这些案例通常发生在学校操场之外，孩子们并不隐瞒他们的游戏。实际上，他们经常告诉其他孩子们在玩什么，并允许其他小朋友加入进来。请看下面用录像记录下来的实例。

卡拉大约 5 岁，费得瑞卡大约 6 岁，她们坐在学前学校操场外的一个小游泳池前的台阶上。这个游泳池已经不再使用了。卡拉拾起一块石头在台阶上蹭来蹭去。费得瑞卡也找来一块石子与卡拉一样玩了起来。

于是卡拉决定再找一块大石子，把它放在台阶上。她让我帮助她将石头放置在一个合适的地方，两个女孩磨着她们的石子，她们周围满是白色的粉尘。

"我们要将石子磨成白色粉末。"卡拉对着粉尘说。

女孩们使劲地磨着，磨出很多粉尘。卡拉将手放在一堆粉尘中，抓起一把说："它们全都是白的！"。

费得瑞卡满手沾满了白色粉末，两个女孩笑了起来，为她们的创造而高兴不已。

两个女孩又玩了大约10分钟，这时其他4个女孩（佛劳拉、比安卡、乔凡娜和维奥拉，她们都是大约5岁）也走过来坐在台阶上。这4个女孩假装乘坐着一辆公共汽车过来，并发出发动机的声音。卡拉和费得瑞卡没注意她们，而继续制造粉尘。几分钟后，卡拉转向她们，这时孩子们正继续制造粉末。又过了几分钟，卡拉转向其他的女孩，举着她的双手说道："瞧，我的手全是白的。"

"我也想让我的手全是白的，"比安卡说。

"跟我到这来，"卡拉指挥道。

比安卡走向卡拉，举起她的一只手。卡拉抓住比安卡的手将其放在石头上，让粉末覆盖在她的手上。

现在其他的女孩子也挤到周围，也想轮流试一试。

"我也要！"乔凡娜喊道。

"我也要！"佛劳拉也喊道。

"等等，"卡拉命令道。"一个人只许一次！"

卡拉给比安卡的手弄白后，维奥拉推开别人走上前来，"我也要！"

"她是第一个，"卡拉指着乔凡娜说道。

"我也要和你一起做，"费得瑞卡告诉维奥拉。她将维奥拉的手放到石头上，她并没有往手上弄许多粉末。卡拉握着维奥拉的手使劲地磨着以便手上沾满粉末。

这时，乔凡娜将维奥拉推开，"我也要。"

卡拉先帮着乔凡娜，然后是佛劳拉。

"够了！"卡拉说道，她显然有些不耐烦了。"你们都弄完了。"

比安卡现在回来了，将维奥拉推到旁边并举起她的双手，说道："我想要我的手弄成这样。"

"我也要！"维奥拉喊道。

"好了！"卡拉回应道，"走开。"

这两个女孩回来找乔凡娜，但不允许她们碰粉末。她们再次假装开一辆公交车，而卡拉和费得瑞卡继续磨制粉末。大约15分钟以后，她们进入教室的时间到了。

在这个实例中，我们看到意大利学前学校与美国学前学校相距保护实例的一个基本区别。实际上，意大利女孩们会向她们的同伴描述她们的游戏，并允许其他孩子参与进来。但是，新来者的加入还是受到严格的限制，特别是在游戏进行中受到新来者的挑战时，这些新来者会被拒绝在游戏之外。由此我们发现意大利儿童与美国儿童同样关注维持共同参与的游戏。无论如何，意大利的孩子对控制游戏方面所表现出的交流能力更有信心，他们没有封闭自己，阻止其他孩子参与游戏。

"我们比其他人都大"

当我靠在伯克利学前学校院外的后墙上观察孩子们在玩攀登架时，我在思考孩子们是否会经常地玩攀登架。当他们爬到架子的高处时，在那儿他们能够看到墙外，看到学校外的景象。这种物体反射让我想到关于物理透视反射是怎样作用于孩子的——孩子们正在俯视成年人而不是仰视他们。

那时，我听到劳拉的声音，她几乎已经爬到架子的顶部正与克里斯托弗在一起，他们向下面的维姬大声地喊着，维姬正在与丹尼尔站在靠近架子底部的地方。当维姬抬头向上看时，劳拉喊道："我们比你们大！"

"哦，不，你们不比我们大，"维姬反驳道，说着她便开始向架子的顶部爬去。

丹尼尔紧跟在她的后面，两人大声喊道："不，你们不比我们大！"

当维姬和丹尼尔快接近他们时，劳拉和克里斯托弗爬到架子的最高处，克里斯托弗说："我们现在还是比你们高，对吗，劳拉？"

"对，"劳拉附和道。"我们比任何人都高！"

维姬和丹尼尔也爬到架子的最高处，维姬喊道，"我们现在也是最高的！"

然后，劳拉又重复了一遍，"我们也比任何人都高！"

现在4个小朋友一起喊道："我们比任何人都高！我们比任何人都高！"

这样重复了几遍之后，孩子们稍微改变了一点调门，笑起来，"我们比任何人都大！"

其他几个孩子听到喊声，向攀登架走过来，也开始爬上架子。我往上看去，我明白了这时候孩子们的确比我高。与前几个孩子不同，这些孩子盲目地向架子顶部爬去，而我却不能轻易地接受这个挑战，因为成年人的身体不如儿童灵活。我太大了不想让我变得更大。

如同我前面说过的那样，变得强大在儿童文化中是有价值的，孩子们在日常活动中共同分享和展示这种价值观。在我作过研究的所有学校中，我发现孩子们更喜欢玩他们认为自己能变大的游戏，他们可以俯视别人，特别是俯视成年人。攀登架和类似这样的"建筑物"对于孩子们而言很有乐趣，爬攀登架能够挑战他们的身体技能。所以孩子们可以在这种游戏中展示他们的身体技能，爬上滑下。做这些动作，孩子们常常是为了引起同伴和成年人的注意。

在这种情绪下，孩子们还可以通过去学校的边缘地带，在没有老师直接管理的地方获得一些自主权。在博洛尼亚，在莫德那，在印第安纳波利斯和布卢明顿大脑领先项目中，孩子们喜欢向步行经过他们学校的成年人说话，经常引起孩子和成年人的对话。他们经常会要求成年人观看他们爬攀登架、玩滑梯、荡秋千或简单地跑跳等动作。

在伯克利，上午有一个时间段孩子们要参加日常活动。这些活动涉及许多因素，如活动的范围、自由权以及跨出校区去影响成年人。下面是从孩子们在做日常活动时我首次观察记录下来的内容。

那是11月的一个晴朗的早晨。事实上，那天天气特别好，孩子们都停留在学校的院子里久久不愿回教室去。像大多数孩子们一样，我也决定在操场外消磨时间。当我注意到米歇尔、吉米和德怀特正走向沙堆时，我便迅速地加入了进去。这时，太阳高照，温暖的阳光撒在我的身上，坐在沙堆上，我看着孩子们玩沙子。

突然间我听到有人高声地喊叫，便转头看去，丹尼、利亚和马丁正在往攀登架上爬。丹尼指着院子围墙外面的凯利大街叫喊着，在架子上的孩子们从最高处能够看到围墙外面发生的事情。这时，利亚喊道："那是他的！那是他的！"这时候我的好奇心被唤醒了，我起身走过去想看个究竟，米歇尔、吉米、德怀特丢掉他们的小铲子，从我面前跑过去直奔攀登架。当我也来到攀登架旁，就听见几个孩子开始大喊起来："清洁工！清洁工！"

我走过了攀登架，从和脖子一样高的栅栏上面向外望去，的确看见一位清洁工。事实上，外面有两位清洁工，他们站在一辆大型垃圾车的旁边。其中一位清洁工站在车轮后面，我猜他已经退到了与学校有一街之隔的住宅楼附近的垃圾桶的前面。另一个人移至垃圾车的后面，似乎在将垃圾桶往升降机上放。这时，他向同伴喊道："准备好了吗？"伴随着低沉的声响垃圾桶从地面上升起来了。

孩子们异常兴奋，他们正模仿着升降机发出的声音："呼！呼！呼！"，这时我看到攀登架子顶部已经有了更多的孩子。我感到很惊讶：一共10个，还要再加一个孩子，芭芭拉正在攀登着。我环视院子四周，看到所有孩子，而不是一两个孩子，这时候都站到了架子的外侧。当垃圾车的升降机升至顶端，并将垃圾倾倒在垃圾车里时，孩子们好像也达到他们兴奋的顶点。他们一次一次有节奏地一齐发出同样的声音："呼！"，就在这一时刻，垃圾车外面的清洁工人抬头看过来，并向这些敬慕者们挥手。然后，升降机很快地下降了，随着一声巨响垃圾桶落到地面上。外面的那个清洁工卸下了垃圾桶，和同伴一起上了清洁车。当司机按响汽车喇叭开车离开时，孩子们继续挥着小手，并喊着："清洁工!"清洁车向这条街道的下 一站驶去，渐渐地离开了孩子们的视线。

随着清洁车在孩子们的眼前远去，我注意到大多数孩子已经离开了攀登架回到其他的活动区域去了。我感到很惊讶，以前我从来没有注意到清洁工工作的情景。我很好奇这要多长时间发生一次。老师们知道此事吗？明天清洁车还来吗？

第二天，清洁车又来了，有 8 个孩子前来观看。第三天又重复出现，又有 5 个孩子出现在攀登架上。总之，这样的事情在一学期里几乎每天发生。前来观看清洁工工作的儿童人数通常在 2 ～ 13 人之间，有一次，除了两个女孩之外，全部孩子都爬到架子上观看。两位助教和主任老师在我向他们询问这件事时才明白这个过程。只有一位老师对此事给予了特别的关注，当清洁工在工作时，总是能够引起孩子们的兴趣，这太有意思了。

清洁工的日常工作具备我们已经讨论或将要讨论的同伴文化的一些要素特征。首先，我们说在孩子们"我们长大了"的呼喊声中孩子们正在共享着激动和快乐时刻。其次，日常活动包括在一个可预知的时刻，它构成并达到一组成果。这种有顺序的模式在"靠近—躲避"游戏中和我们将要在以后讨论的自发的创意中更加明显。最后，日常活动形成对某些事情的反应，对孩子们有特殊的吸引力：高声的呼喊、听到"叮当作响"的声音，在孩子们的眼里机器真棒。

从抽象的层面上讲，"清洁工"与儿童文化的要素不同。在这项活动中孩子们走出了学前学校的边界进入了成年人的世界。将平凡的事情（收集垃圾）转换到儿童文化的日常活动中，他们共同创造并享乐其中。甚至在更深层次上，这些日常活动非常有意义，因为孩子们成功地获得了成年人的关注，孩子们创造并控制了这项活动，成年人认可这些活动产生的意义。

由于时间有限，我在伯克利学前学校仅做了一年的研究工作，因为那时我在美国其他的地方还有一些工作，这些工作使我开展研究儿童的工作受到了一些限制，所以我于第二年毅然返回了伯克利学前学校。在这一年中，上午小组活动转到下午，并组建了一个新的上午小组。因为在凯利大街是上午收集垃圾，我期望看到新的小组里的孩子们是否也注意到了清洁工，并也能形成一个日常活动，如同他们前面的同学所做的那样。在我回来的第一天，我便在攀登架的后面等着垃圾车的出现。对于正在那里玩着的三个男孩子来说，我是陌生人，当垃圾车到来的时候，他们并不会过多地注意我。最后，垃圾车终于来了，它托起了垃圾桶，随后我听到来自攀登架上的喊声："清洁工！"很快在架子上又出现了两个男孩和一个女孩，他们加入到同伴们的活动中：他们大声叫喊、不断地拍和按喇叭。尽管我不敢肯定，我想在伯克利学前学校的"清洁工"仍然还是原来那样，活跃并受人欢迎。

"小心这个怪物"："靠近—躲避"游戏

一天早晨，在伯克利学前学校，有4个男孩（丹尼、杰克、约瑟夫、马丁）正在楼上的活动室里玩耍。这时，男孩们开始在垫子上玩摔跤，并哈哈地傻笑。当摔倒后爬起来时，约瑟夫指着马丁大喊："小心这个怪物！"

"嘿，当心！"丹尼和杰克喊道，他们和约瑟夫一起跑下楼梯，好像在逃跑，躲避着马丁。

马丁被同伴们的这个举动搞得迷惑不解。他走到楼梯处想看看他的朋友去了哪儿了，但是，马丁已经看不见他们了，只好回到垫子旁边，从窗户向校园望去。

与此同时，另外三个男孩在楼下楼道拐弯处的儿童游乐室玩了起来，马丁无法发现他们。他们笑着，丹尼把杰克推向楼梯对他说："去看看那个怪物在哪儿？"

杰克小心翼翼地爬出楼下儿童游乐室，往上看，他发现马丁正往下看，急忙跑回去尖声叫喊着"他来了！"

马丁仍然不明白发生了什么事情，他慢慢地走下楼梯。他终于到了楼下，走到拐弯处，他发现了这三个男孩。这时，三个男孩尖叫着跑回楼上。当他们越过马丁时，他们冲撞了马丁，马丁被撞得转了一圈。在楼梯的顶部，男孩们回头冲着马丁喊道："你抓不着我们，怪物！"。

现在马丁开始像机器人似的机械地走着，他想往楼上跑去追其他男孩。当来到楼梯顶处时，其他的男孩们再次绕过他带着假装的恐惧逃走了。这个游戏重复了许多遍，直到扫除开始时才结束。

我观察研究了孩子们这一有趣的游戏，以我自己的观点记录了一些事情，并制作成录像带。首先我想要知道马丁是如何被其他几个男孩强加给他"怪物"这个角色的，并且马丁是如何需要一段时间来意识到发生了什么。第二，很清楚其他男孩们只是假装害怕马丁，然而，无论如何游戏还是营造了兴奋和紧张的气氛。最后，当马丁知道了自己被大家看成是一个怪物时，他接受了这个角色，孩子们相互追跑了很多圈。

这件事情发生后不久的一天，我正与格兰、利亚、丹尼、马丁坐在伯克利学前学校的沙堆旁。瑞塔穿着一件印有一个大苹果的衣服向我们走来。格兰喊了起来："嗨，苹果女孩来了！"

"注意，她过来了！"丹尼喊着，并与其他孩子跑向攀登架。

这时瑞塔转了一圈，抬起双臂，将她的双手做成鹰爪样，用这种吓人的样子追逐着其他孩子。当瑞塔快要抓住几个"猎物"时，孩子们围着她跑，然后便跑回了沙堆。

瑞塔并没有跑向沙堆去追赶他们，而是围绕着沙堆跑了几圈。当她跑过第二圈时，其他孩子再次跟在她的后面向前跑，并超过她跑向攀登架，并叫喊道："你追不上我们，苹果女孩！"瑞塔再一次将他们追赶到沙堆上，这种游戏孩子们重复了多次。

我将孩子们玩的这种游戏用我自己的观点记录在笔记本上，这种游戏和以前的游戏类似。孩子们创造了一个怪物（或一个具有危险的东西），他们靠近它或躲避它。再一点就是害怕的孩子将沙堆看成是他们的家。这时，我开始研究这种"靠近－躲避"游戏。

在仔细研究这种游戏的结构和意义之前，让我们再看一个伯克利孩子玩的"靠近－躲避"游戏。下午组中的三个孩子，贝丝、布赖恩、马克正在院外玩摇船游戏。大约10分钟后，贝丝注意到了史蒂文，他正走向摇船，现在离摇船还有一段距离，他的头顶上有一个大的垃圾桶。

"嗨，一个走着的桶！看一个走着的桶！"贝丝喊道。

布赖恩和马克正背对着他，没有看见史蒂文，"什么？"布赖恩说。

"一个走着的桶，快看！"贝丝一边说一边指着史蒂文。布赖恩和马克现在转过身来看史蒂文。

当史蒂文停下来，站在一个存放着大木块的地方时，他看不到其他小朋友正向他走来。当马克和布赖恩走到史蒂文身边时，他们推了垃圾桶一下，并开始将垃圾桶举过史蒂文的头顶。

"你！"史蒂文喊起来，他将垃圾桶摔在地上。

"哇！"布赖恩大叫，他和马克、贝丝马上跑回摇船。

史蒂文开始将垃圾桶放回他的头上，但当他看到其他小朋友跑开时，他便将垃圾罐扔到了地上。于是，他张开他的双臂，以一种吓人的姿势，跑向摇船。

布赖恩、马克、贝丝假装害怕，尖叫着，跑到了摇船的另一侧。史蒂文停在了摇船没人的这一边，用手推着摇船，摇着玩。但是，他没有爬进摇船里，也没有尝试去抓其他的小朋友。

然后，史蒂文返回到被扔掉的垃圾桶旁边，将它重新放回到自己的头顶上。

布赖恩、马克、贝丝在摇船上看到了这一切，他们一起笑了起来。当史蒂文将垃圾桶放在头顶上，马克便说，"让我们去踢他！"

马克和布赖恩从船上跳下来，走向史蒂文。史蒂文头上仍顶着垃圾桶。显然史蒂文还是等着其他小朋友回来，所以他仍站在积木区域附近。贝丝依然坐在摇船的后部。

马克首先靠近了史蒂文，并踢他的腿，但没能踢着，便改踢垃圾桶的底部。这时，布赖恩跑上前来踢史蒂文，很显然他也没有踢着。然后两个男孩转身跑回到贝丝待着的摇船上。这时史蒂文表现出一幅害怕的样子，他默默无语，也没有走向摇船。相反，他将垃圾罐桶放在头顶上，沿着院子行走。远离其他的孩子，走到摇船对面的沙堆远处。

其他的孩子们现在开始非常快地摇着摇船，"啊！快点！快点！"贝丝喊道。

这时史蒂文仍然站在与摇船有一定距离的地方，他开始向其他孩子们走去。但不清楚史蒂文如何知道要向哪儿走，因为他只能看到他的脚前一定距离的地面，以此指引他向前走。

"嗨，他来了！"贝丝喊道。

"嗨，大酒桶！"布赖恩奚落他。

所有的孩子都在笑，贝丝喊着，"嗨，大胖酒桶！"

史蒂文没有理会这些嘲弄，并继续沿着院子走。这时贝丝从摇船上跳下来跑向史蒂文，布赖恩紧随其后，马克也离开了摇船，跟在两个孩子的后面。当贝丝来靠近史蒂文时，她转向左边，而这时布赖恩却跑上前去推垃圾桶。正当史蒂文扔垃圾桶时，马克赶到了，并大叫"我要抓住你！"

史蒂文追逐着马克和布赖恩回到了摇船，但他们走了迂回的路线，这使得孩子们很容易就回到自己的基地。史蒂文再次站在没人的一侧推着摇船，然后回到垃圾桶旁。布赖恩和马克在推着摇船，看着史蒂文将垃圾桶放在头顶上。贝丝现在已不再玩这个游戏，她到别的地方玩去了。

当史蒂文头顶垃圾桶再次行走时，布赖恩便从摇船上跳下来跑向史蒂文。正当布赖恩跑来时，史蒂文扔下垃圾桶来抓他。原来跟着布赖恩的马克现在返回到摇船上看着史蒂文和布赖恩扭打在一起。这是一次身体上的冲突，这在"靠近－躲避"游戏中很少发生，直到老师过来进行干涉，这个游戏才结束。

用录像带记录下"靠近－躲避"游戏可以详细地反映这种儿童游戏的基本特征。游戏中总是有一个威胁方，例如，一个妖怪，一只野兽或是一个"走着的桶"（如上面例子中），他们一会儿靠近，一会儿躲开。游戏中有三个不同的阶段：辨认，靠近和避开。

在辨认阶段，孩子们创造、发现，并相互发出一个恐吓或激怒他人的信号。

这个阶段很重要，要为接下来的行为打下伏笔。辨认就是辨别一种威胁，意味着"靠近－躲避"游戏在进行中，孩子们的活动将与游戏主题相符。

在一些情况下，一个或多个孩子充当威胁者的角色。然而，为了辨认威胁的发生和游戏的进行，被威胁的孩子必须接受或认可那些充当恐吓者的孩子。有时候装扮成怪物、恶魔、疯子科学家或其他危险人物的孩子们却被其他孩子所不理睬或拒绝（例如，孩子们说"走开，你在威胁我们。"）。在许多情况下，孩子们是故意装成危险人物，正如我们已经看到的大多数例子即是如此。

在靠近阶段，受到威胁的孩子都会小心谨慎地前去靠近危险源。在这个靠近过程中，威胁者在某些方面会丧失能力，正像我们在"行走的桶"案例中看到的，史蒂文看不到其他小朋友正在靠近他。然而，很多威胁者常常假装没有察觉接近他们的人或声音，直到他们快要接近被威胁的人或者抓住被威胁的对象时才暴露出来。这样的突然袭击感染了孩子们的情绪，给游戏增加了紧张气氛。

在避开阶段，威胁者时常发出能给别人带来恐惧感的咆哮或尖叫声，并且摆出恐吓他人的姿势，受到威吓的孩子尽其所能装出害怕的样子四处而逃，威胁者在后面追赶。在多数情况下，受到威胁的孩子都会跑到一个他们认为可靠的区域，他们称之为家的"大本营"（例如，水堆或摇船）。

最终是袭击者离开，危险解除。这时表明活动可能到此结束，但是更多的是受到恐吓的孩子又开始新一轮的靠近。在一些情况下，靠近与躲避被重复多次，一些孩子加入游戏，另一些孩子退出游戏。

在研究中，我发现同一个孩子不会多次充当恐吓发起者的角色。在行走的桶的实例中史蒂文只有一次将垃圾桶置于自己的头顶来充当恐吓发起者的角色。孩子们更喜欢被别人恐吓，因为这种游戏在辨认阶段，他们是控制游戏开始的那一方，人们可以抢先返回大本营来保护自己，并且频繁地变化着游戏，为游戏添加细节（例如，用低声的吼叫和尖叫来夸大他们的害怕程度，用带侮辱性的语言来嘲笑恐吓发起者）。

在伯克利，尽管我已辨别出"靠近－躲避"游戏，但我还是在所有作过研究的学前学校里发现并记录这些日常活动，游戏活动中角色都是自发的扮演的或是传统的游戏模式。例如，印第安纳波利斯头脑领先中心，孩子们经常玩一个他们称之为"佛瑞德"（Freddy）的追逐游戏。佛瑞德来自于一部恐怖电影《猛鬼街》（Nightmare on Elm Street）中一个令人恐惧和害怕的邪恶人物。在游戏中，一个小孩主动地扮演佛瑞德，其他一些小孩子去靠近他，然后再避开这个恶魔，这个恶魔似乎有着长长的、剪得很尖的指甲。

我很吃惊地发现这么小的孩子也看过这些恐怖电影，并且我告诉齐娜（假扮成佛瑞德）和她的一个朋友瑞莫娜（已经逃离了齐娜）不应该看这么多恐怖电影，因为它们"太令人恐惧"了。两个孩子嘲笑我对他们的关心，瑞莫娜指出佛瑞德不是真事，只不过是一个有着特别装束的人。我认为看这类电影会让我做噩梦。齐娜回应说她从没做过有关佛瑞德的噩梦，曾做过的一次噩梦是一条狗追赶着她跑来跑去，企图咬她。人们几乎并不怀疑齐娜和瑞莫娜识别假装的还是真正的恐吓者的能力，这显示出他们这个年龄段孩子的成熟和老练，从某方面讲，这也反映出他们所生活环境面临挑战这一现实。

女巫和灵魂：另一种文化背景下的"靠近—躲避"游戏

我曾对意大利学前儿童进行过研究，他们很像美国儿童，热衷于那种自发的"靠近－躲避"游戏。然而意大利孩子们还玩另一种游戏，他们称之为"女巫"。这种游戏的玩法极像"靠近－躲避"游戏。毫无疑问，意大利儿童对"女巫"游戏的热衷是与 La Befana 神化人物有关，La Befana 被认为来自意大利的南方，是"女巫"的意思。1 月 6 日主显节那天，她乘坐扫把飞来给孩子们送礼物。根据传说，三位聪明的贤士停下来问 la Befana（译注：意大利传说送礼物给小朋友的老妇人）通往伯利恒的路怎么走。他们还邀请她一同前往。可是 la Befana 却说她正忙于清扫，便把他们打发走了。不久，la Befana 便后悔起来，立即出发追赶那三位贤士，她没有找到他们。从此，她就一直在意大利到处飞来飞去，寻找基督的孩子。她将礼物放到每个孩子的房子里，希望他们是基督的孩子。然而，现在这个传说已经被改变了，父母们告诉孩子 la Befana 不给坏孩子留礼物。据说她坐着扫把从烟道里滑下，将礼物和糖果放在好孩子的鞋里，而坏孩子得到的却是煤块。

玩"女巫"游戏的第一步是要有一个孩子同意扮成女巫。

克斯蒂娜，露伊莎和罗莎（她们都是 4 岁左右的孩子）正在博洛尼亚学前学校的院子里玩。罗莎指着克斯蒂娜说："她是女巫！"

克斯蒂娜没有回答，似乎有点勉强。

"你想当女巫吗?"露伊莎问。

"好吧"，克斯蒂娜同意说。

这时，克斯蒂娜离开了其他两个女孩，并将手放在眼睛上。露伊莎和罗莎慢慢地靠近克斯蒂娜，马上就可以触到她了。当她们靠近时，克斯蒂娜重复说："颜色！颜色！颜色！"

克斯蒂娜每重复一次，露伊莎和罗莎就靠近些。当克斯蒂娜感觉到了她们已经离她非常近了，于是喊道："紫罗兰色！"

露伊莎和罗莎尖叫着跑开，克斯蒂娜张开双臂，摆出一副吓唬人的姿势，追赶着她们。这时，露伊莎和罗莎向不同的方向跑去。克斯蒂娜去抓罗莎。正当克斯蒂娜（扮女巫）就要抓住罗莎时，罗莎触到了一个紫罗兰颜色的物体（大本营的一个玩具）。

克斯蒂娜又转去追露伊莎，但她看到了露伊莎也找到了一个紫罗兰色的东西（一个女孩的裙子）。克斯蒂娜又一次闭上眼睛，反复地说："颜色！颜色！颜色！"其他女孩开始第二轮靠近，这个游戏又重复了一遍。这次是"灰"色作为所要的颜色，罗莎和露伊莎在克斯蒂娜转过身马上要抓住她们之前再次触到了所要颜色的东西。

后来，克斯蒂娜提议让罗莎当女巫，罗莎同意了。这个游戏玩了三遍以上，所要的颜色分别是黄色、绿色和蓝色，每一次"女巫"都追逐着四处而逃的孩子们，但一个也没有抓着。

我看到意大利的孩子们已经确定了"靠近－躲避"游戏的主要特征（当恐吓者没有发威的时候靠近他，当他发威时躲避他。部分被恐吓的孩子假装害怕，大本营是安全的所在。紧张气氛有松有弛，以此循环多次）。事实上，在博洛尼亚学前学校的第二年里，我就知道了孩子们已经创造了一个十分有趣的"女巫"变版游戏。

我要录制这个游戏活动的实况，我要求孩子们为我玩一次"女巫"游戏。一个叫马蒂娜的女孩问："你要看'女巫颜色指令'还是'女巫饮料'？"我立刻意识到我一年前看到并记录下的是"女巫颜色指令"，现在我对"女巫饮料"非常好奇。我不明白为什么饮料会成为"靠近－躲避"游戏的一部分，所以我说："为我玩一次'女巫饮料'吧"。

孩子们同意了，马蒂娜自愿充当"女巫"，玛丽亚挑选几个同伴形成一组，每一个孩子都和她耳语了一番。我走近他们，可以听到孩子们正在告诉玛丽亚每一种饮料的不同味道（橘子，樱桃，柠檬等）。当有一个孩子悄悄地说另一种饮料时，玛丽亚告诉他要选择另一个味道。终于所有的孩子都选了不同味的饮料。然后，他们在地上跪成一行，背向玛丽亚。玛丽亚靠近他们，并在这一行来回走了几圈。最后，她停在了女孩埃琳娜的身后，轻拍她的后背。

"这是什么？"埃琳娜问道。

"女巫"回答。

"你要什么？"埃琳娜又问。

"饮料。"马蒂娜回答。

当所有的孩子开始靠近马蒂娜相互并肩排列时，马蒂娜向后走开。孩子们又向前迈进几步之后，马蒂娜命令他们保持队列呈一条直线，大家都按照她说的做了。当孩子们离马蒂娜只有几米时，她大声喊出了一种东西的味道，"橘子!"丽塔选的是"橘子"，于是她开始逃跑，但却被绊到了，因此，马蒂娜很快就抓住了她。在这一轮游戏中孩子们都觉得很不幸运，他们都责怪丽塔太笨。马蒂娜说大家可以后退一点，再来一次，她可以选择另一种味道。孩子们照她说的做了，这一次她喊的是"葡萄!"，是路卡选的味道，她跑得飞快，马蒂娜紧追其后。路卡围着院子跑，其他孩子一起为她加油。路卡跑得比马蒂娜快，他们还再围着院子跑，在"女巫"抓着她之前，她跑回了"基地"。路卡赢得了欢呼声，一些孩子高兴地拍着她的肩膀。马蒂娜显得有些不高兴，她抱怨路卡跑圈时犯规没按正常路线跑。其他孩子们不支持这个抱怨，马蒂娜没办法只好接受了路卡逃脱了这一现实，并提议再选一位新"女巫"重新开始游戏。

意大利儿童玩的"靠近－躲避"游戏印象很深的是他们已经形成了一定的游戏套路，有固定的规则（如："女巫"游戏）。但是，多年来这种游戏也发生着变化。新的游戏（如："女巫饮料"）有许多兴趣特征，让人们看到了儿童文化具有创新的特点。第一，不是孩子们首先辨认并靠近"女巫"，而是"女巫"先要靠近一组孩子并向一个特定的孩子发出游戏开始的信号。这个最初阶段涉及受恐吓的一组孩子们相互协作选出一种饮料的味道（孩子们喜欢的），并形成一种准备应战的紧张气氛。"女巫"开始靠近这组孩子，在孩子们的身边走来走去，然后选择一个孩子并说出饮料名字。装扮"女巫"的孩子有权力决定游戏什么时候开始，她在孩子们身边来回走多次，随时决定游戏开始。当"女巫"要求一种饮料时，其他的孩子们都慢慢靠近排成一条直线，离威胁者非常近。于是，女巫喊出她所选择的一种饮料的味道，被选中的孩子迅速从小组中跑出来逃离"女巫"。这个唯一的要逃离"女巫"的孩子常常受到孩子们的支持与欢呼。在新的游戏中，受到威胁的孩子群体变成了大本营，那个逃离的孩子跑回这群孩子中就算胜利了。

另一些与之不同的"靠近－躲避"游戏已经在儿童游戏跨文化研究中报道过。我们可以在人类学家凯思琳·巴洛（Kathleen Barlow）的一份研究报告看到，她研究穆瑞科（Murik）——巴布亚新几内亚的一种渔业和贸易社团。巴洛教授发现穆瑞科相信有许多灵魂，有着像人类一样的感情："伤害、欺骗和易兴奋"。Gaingeen是这些灵魂之一，它偶然出现在农村追赶和恐吓孩子们。Gaingeen从不说话，而是通过具有威胁性的姿势和挥动着它永远携带着的矛和棍棒来传达它的意图，我们可以从图中看到（见图3）。

父母经常用Gaingeen来吓唬年幼的小孩，让他们停止哭闹或者制止他们去做家长不愿看到的行为（例如，奶奶阻止初学走路的小孩走出家门，便说，

图 3　Gaingeen 来到村庄

"Eeee！Gaingeen 来了！Gaingeen 来了！"）。当孩子长大了，他们知道即使人们叫它，但 Gaingeen 从来没来过。虽然如此，孩子们总是相信它可能会来，当照看他们的人喊 Gaingeen 时，年幼的孩子总是四处张望等着它的出现。

最终，当孩子们长到 7 岁以后，这个神秘的面具被揭露，孩子们终于发现 Gaingeen 是一个穿着奇异服装的少年。尽管这是一个虚构的人物，但在孩子童年的游戏和认知中，Gaingeen 是一个重要的角色。

巴洛教授在她的分析报告中描述了一种在孩子中间流传并与"靠近－躲避"惊人地相似的游戏，这种游戏类似 Gaingeen。例如，孩子们盼望着 Gaingeen 在村子里出现，跑上前去接近它，并经常地用侮辱性的语言嘲弄妖怪："Gaingeen，你是一条肮脏的狗。"但是如果 Gaingeen 真的追赶他们，孩子们会为了保护自己而飞快地跑开，孩子们经常玩这样的游戏。

很小的孩子保持一段距离站在一旁看着，而不参与"靠近－躲避"游戏。后来，这些小小孩观看大孩子的游戏后，他们重新创新了自己的一套玩法。在游戏中，7~8 岁的孩子为小一点的孩子（4~6 岁的）制作 Gaingeen 的装束。当小孩子装扮成 Gaingeen 来回走时，大一些的孩子故意靠近他们，取笑他们。当小孩子威胁大孩子时，大孩子害怕地跑开。从图 4 可以看到大孩子为小孩子制作的 Gaingeen 装束（见图 4）。

图 4　穆瑞科的孩子在制作 Gaingeen 的装束

共享和控制

这一章在讨论的有关儿童文化游戏的全部案例中，我们能够看到一般性的共享和控制模式。为了保持相互作用的空间，孩子们建立起了共享的游戏，然后便努力保持很容易被破坏的相互作用空间。对于抵制其他孩子的参与并不意味着拒绝共同参与，而是企图操控游戏，继续共享他们已经共享的东西。在这个过程中，孩子们建造了较为复杂的游戏活动，锻炼和发展了他们之间的相互交往能力，掌握了必需的参与策略，并展示了孩子们能够完全适应这些游戏。在游戏中，所有的孩子都得到了乐趣。

爬攀登架、游戏活动室和其他游乐设施也给孩子们带来快乐，同时给孩子们一个超越成年人的控制感。孩子们从攀登架上往下看成年人，孩子们感到自己真的长大了，他们通过唱歌和嬉笑来表达这种控制感。孩子们用他们的身体去获得最大的空间，成年人很难与他们共享。

　　我们看到伯克利的孩子们所创造的清洁工工作游戏就是一个"变大"的很好实例。在这个例子中，孩子们自己爬到攀登架的最高处观看学校之外的景象，观察成年人的日常行为，这些活动也就进入了孩子们的游戏之中。

　　最后，在"靠近－躲避"游戏中，我们所看到的可能是儿童文化的普遍特性。这里，被恐吓的孩子常常也是组织者。他们集体创造游戏，共同营造紧张气氛，享受恐吓的兴奋和逃跑后的轻松和喜悦。在"靠近－躲避"游戏中，孩子们加深了对社会性的危险、罪恶和无知的认识。所有这些现象都出现在孩子们玩得开心的时候，同时在游戏过程中形成了儿童自己的文化，为孩子们真正地进入成人世界做好准备。

第三章 "你是我最好的朋友，
你想要知道发生了什么吗?"

● ● ● ● ● ● ● ● ● ● ● ● ● ● ● ● ●

儿童文化中的交朋友与做朋友

有两个大约 4 岁的女孩詹妮和贝蒂，正在学前学校院子里爬一个大木箱子。贝蒂刚好是在与另一个女孩琳达玩完之后来找詹妮。

"我喜欢你，詹妮，我们是好朋友，我喜欢你。"贝蒂说。

"当然。"

"但是，我刚才离开你。知道为什么吗?"

"为什么?"

"因为，我——"

"你想要和琳达玩?"

"是的。"

"我离开你，不觉得没意思吧?"詹妮说。

"是的。"

"我想知道刚才怎么了?"詹妮说道。

"我知道你总是想要知道的，因为你是我最好的朋友，"贝蒂回答。

"是的，"詹妮说。

在这个例子中，贝蒂和詹妮彼此将对方看作是最好的朋友，因为她们彼此十分关注对方。两个女孩子都意识到，她们的行动会影响另一方的情感。这一点在贝蒂和詹妮的对话中表白得十分清楚，贝蒂解释了她为什么要跑开，詹妮则表达出想要知道贝蒂发生了什么。

对于大多数成年人来说，乍一看，贝蒂和詹妮关于彼此的感情和成为最好朋友的谈话似乎并不太引人注意。然而，许多发育心理学家对儿童友谊认知的研究表明将这些孩子归类为对友谊认知的早熟。例如，发育心理学家使用面试来测定儿童对友谊的认知，也就是说，问孩子谁是他们最好的朋友? 为什么?

或给孩子提出一个关于友谊方面的问题（举例，如果你们学校新来了一个女孩，你最好的朋友邀请她去家里做客，但没邀请你，你感觉怎样呢?）。这样的研究显示并不是到了十一二岁，孩子们才明白朋友是"一个能相互理解，共同分享情感、秘密和心理问题的人。"虽然贝蒂和詹妮并没有使用世俗老练的语言，但是她们的谈话和举止却非常有分量。

幼儿发育心理学家低估了幼儿对友谊的认知和技能的一个重要原因是他们只关注结果。也就是说，他们鉴别和分类在不同发育阶段的儿童对友谊认知是基于成年人分辩幼儿对友谊认知的理解，这还涉及孩子们的年龄和其他发育能力。这里有一种推论，在孩子们能够真正掌握复杂的友谊关系之前他们必须获得成年人的友谊观。成年人的友谊概念肯定要比孩子先进，但一些个别的孩子可以获得正常的友谊认知。因此，幼儿发育心理学家关于儿童对成年人友谊概念的研究是非常重要的。然而，我都对幼儿生活和其文化中有关友谊发展过程十分感兴趣。我想要知道学前学校里的孩子们是如何交朋友的，又是如何发展自己的朋友的。我也相信在发展友谊的过程中要施展魅力，孩子们需要更多的关于友谊的抽象知识。因此，我相信在儿童自己的世界中，从孩子的角度去研究孩子的友谊进程是十分重要的。

和许多孩子一起玩：学前学校孩子们之间的友谊发展过程

让我们再次讨论贝蒂和詹妮的例子。两个女孩子常常在一起玩，形成了很紧密的关系，而詹妮有时更依赖于贝蒂。当贝蒂在与其他一些小朋友一起玩，而不带詹妮参加时，詹妮想出一个办法在游戏中断时去找贝蒂。这种办法常常很有效，两个女孩（经常是单独地，有时候也和其他小朋友一起）参加各种类型的游戏。然而，有时候詹妮寻找贝蒂的方法也并不那么有效。贝蒂已经和其他的小朋友玩起来了，这时詹妮想加入进来，却受到限制。我们在第二章中举过这样的例子。孩子们常常拒绝想要加入游戏的其他同伴，这在我曾经研究过的较小的孩子中间十分普遍，因为孩子们往往要保护他们的相互作用距离。有时候，詹妮不愿加入贝蒂正在玩的游戏活动，而更愿意看着或追随贝蒂和周围其他的小朋友，直到整个游戏结束。

事实上，上面的例子就说明了这个问题。詹妮看见贝蒂正在和琳达玩，她观看着并追随了她们一段时间，但詹妮并不想加入她们的游戏。最后她走开了，独自坐在大木墩上。贝蒂注意到了詹妮，但她并没有满足贝蒂想要与她们一起玩的要求。所以贝蒂继续在那里玩，没有理会詹妮，直到游戏快结束时才让詹妮加入进来。随着詹妮的加入，贝蒂马上向她表示她们仍然是"最好的朋友"，这时，詹妮认同了。詹妮告诉贝蒂，在贝蒂与琳达一起玩时，她一直跟随在她的周围，贝蒂连连示意詹妮这样做是因为她们是最好的朋友。

在这里有几件事是很重要的。对于较小的孩子而言，最初对朋友的概念就是那些在"某一时刻"正在与他／她在一起玩的同伴。我们在第二章中可以看到，当孩子们建立了一个玩的主题或一种游戏时，他们经常这样说："我们是朋友，对吗？"这涉及一个从属关系，我们是朋友，因为我们正在一起玩，我们共同分享，我们正在一起做所有我们自己的事情，没有成年人或其他孩子来帮助和干涉我们。

在我的研究中，大多数3～4岁大的孩子愿意和众多的小朋友一起玩（不管性别和年龄）。这主要和他们在学前学校的经历有关，他们开始认识到要维护好相互之间的交流，并把游戏持续下去都很不容易。因此，孩子们注重创造、分享和保护他们的游戏。简而言之，孩子们更关心"玩"大于"交朋友"。无论怎样，你可以在和其他孩子一起玩中交朋友。

像伯克利学前学校里的大多数3～4岁年龄组的孩子一样，贝蒂经常和许多其他小朋友一起玩。但贝蒂不同于其他孩子的是她与詹妮一起玩的时间最多。所以詹妮变成了贝蒂的特殊朋友或称为最好的朋友。詹妮与贝蒂却不一样，在通常的情况下，她不喜欢和其他小朋友一起玩，她变得更依赖与贝蒂的友谊。其结果是她需要花费时间站在旁边等着贝蒂。在很少的情况下，其他的孩子会邀请她一起玩儿。

在伯克利学前学校，年龄较大的孩子，即4～5岁年龄组的孩子，与较小的孩子玩的内容基本是一样的。但是，在学校里有一个由3个男孩组成的亲密小组（彼得、格雷厄姆和马克），这些男孩子经常在一起玩，孩子们自己认为他们是最亲密的朋友。这三个人有时也和其他小朋友玩。与詹妮不同，男孩子们不依赖于朋友，他们会自己去争取加入孩子们的游戏。然而，男孩们总是企图维护他们之间的友谊，经常在游戏中相互竞争。

对于彼得和格雷厄姆来说，这些举动表现得特别明显。

彼得、格雷厄姆、弗兰克、兰尼和安东尼特在院子外面的沙箱里玩水。每个孩子都拿着一个软管向沙子浇水。

"嗨，"兰尼喊道，"我们制造了最棒的瀑布，看见了吗？"

"是啊，"弗兰克赞同道。

"那个不是瀑布，"彼得说。

"不，是瀑布。"兰尼断言道。

"兰尼的不是，兰尼的不是，"彼得重复着。

"我做的是——瀑布，对吧，弗兰克？"兰尼问。

"是，是瀑布。"弗兰克表示支持。

"弗兰克的是瀑布。"安东尼特说。

"是，我的就是，对吧，弗兰克？"兰尼问道。

"那是我做的。"弗兰克说。

"是我们俩的，对吗？"兰尼问道。

"对，"弗兰克回答。"是我们自己做的。"

"对，"兰尼说。

"格雷厄姆，我们不和弗兰克和兰尼做朋友，好吗？"彼得问道。

"不，我想和他们玩，"格雷厄姆说。

"如果你再说，我就向你身上泼水了，"弗兰克对彼得说，"我要去告诉老师。"

在这个案例中，彼得似乎注意到兰尼和弗兰克想要在一起玩，这对于他与格雷厄姆的友谊构成了一种威胁。因此，他建议格雷厄姆不要与兰尼和弗兰克做朋友。但格雷厄姆拒绝了这个建议，于是弗兰克更进一步，威胁说要向彼得身上泼水，还要去告诉老师。

在第二个案例中，孩子们再次到院外的沙箱周围玩。有两个孩子在彼得和格雷厄姆之间在玩，彼得想让格雷厄姆移过来在他的身边玩。

"格雷厄姆，如果你到我这里玩，我就是你的朋友，"彼得说。

"我想让你过来玩，"格雷厄姆回答。

"那么我不要让——，"格雷厄姆有点结结巴巴地说，于是他继续玩着，"我要告诉我妈妈不让你……"

"好吧！"彼得打断他。"我来找你。"

在这两个案例中，彼得表现出对他与格雷厄姆之间的友谊感觉并不安全。首先，这种不安全感导致彼得想要在竞争中促使他们两个共同去反对兰尼和弗兰克，但其他的孩子全都反对。在第二个案例中，彼得想直接控制格雷厄姆的行动（让格雷厄姆靠近他一起玩），开始他说要和格雷厄姆做朋友，然后又威胁让他走开。格雷厄姆在这种关系中是很安全的，他劝告彼得，并威胁说要告诉他妈妈，不邀请彼得来他家玩。面对可能失去到格雷厄姆家里玩的机会，彼得马上决定改变他的行为，不再想去控制格雷厄姆。

在这些案例和前面提到的贝蒂和詹妮的那个例子中，似乎有点矛盾。从个体层面上看，詹妮和彼得两人考虑友谊更多些，并想用友谊去控制其他小朋友的行为。两人似乎比他们同龄孩子对友谊的含义具有更深的（或像成年人）理解。然而，他们都十分维护好朋友间的友谊，但彼得和詹妮并不是像其他孩子一样能主动融入儿童文化中去。当詹妮常常在外面等待贝蒂的时候，彼得也被视为受到格雷厄姆和他的同班伙伴的控制和操纵。这些案例，特别是包括彼得的案例，也提醒我们，个别孩子做事已经超越了他们的交际能力和友谊关系。当其他孩子专横跋扈，操纵别人或威吓弱者时，有些孩子是胆怯的。这里我们看到游戏、友谊和同伴文化的复杂性，通过自然状态中直接测试孩子们之间的关系更好地认识同伴文化。

学前学校年龄较大的孩子们之间有关友谊、小团体和性别关系问题

在学前学校年龄较小一些的孩子中，朋友和友谊的建立和维护是与孩子们共同的游戏紧密联系在一起的。而年龄较大一点的孩子则更自信他们的交际技巧，并且他们对朋友关系与友谊的思考更多一些。我在许多地方作过研究，如伯克利、布卢明顿、印第安纳波利斯、博洛尼亚和莫德那等地区，所有5~6岁的儿童均表现出：①更爱思考，并有意识地谈论朋友和友谊；②在孩子们的文化中存在更大的差异，并且出现小团体或称为小圈子；③孩子们的许多游戏是分性别来玩的。尽管如此，像年龄较小的孩子们之间的友谊一样，这些模式均跨越文化和亚文化团体和特殊的学前班环境。

美国中产阶级孩子的学前班中孩子之间的友谊、小团体和性别问题

在美国印第安纳州布卢明顿，我曾经对中产阶级孩子们的学前学校进行过研究，所有的孩子都在一起玩儿，但是在学前学校开学时，基于性别区分的孩子小团体逐渐出现。小团体是指一组孩子经常在一起玩儿，并且彼此之间相互依赖，他们已经成为朋友或密友。这些小团体的成员并非经常抵制或拒绝其他孩子加入进来一起玩，而往往是愿意寻求彼此游戏的独特玩法和交谈方式。男孩子形成的小团体喜欢运动和下棋；而女孩的小团体则更喜欢玩洋娃娃、玩具动物，通过扮演角色得到乐趣。虽然男孩子常常标榜他们的小团体，称他们之间亲密无间，女孩子也这样做，但是男孩子对非小团体中的成员比女孩子更开放些，他们很少像女孩子那样，就其他孩子能否进入他们的小团体而争吵。但是一旦男孩的小团体内部出现争吵升级时，他们通常会结束这个游戏（如选择一个游戏或争论有关游戏的规则）。而在这个时候他们通常是很激进的，甚至是好斗的，但孩子们常常是持续很短的一段时间。另一方面，争吵或冲突在女孩

子的小团体中更频繁发生，女孩子情绪更容易激动，持续时间更长一些。有时候女孩子们彼此好几天不说话，显得很愚蠢，但她们最终会和解并再次成为好朋友。

让我们对布卢明顿学前学校 5 岁年龄段的一个女生小团体内部发生冲突的案例作个评论。实际上在女孩子间，有两个很亲密的圈子，每个圈子里有 3 个女孩子，然而这 6 个女孩（梅根、雪莉、玛丽、维罗妮卡、维基和佩吉）经常是大家在一起玩。其中一个小圈子，有梅根、雪莉和佩吉，她们三人在谁当头的问题上和友谊的关系程度上存在着竞争。在以后的案例中，梅根和雪莉之间的竞争会很明显，因为雪莉怨恨梅根不让她进入一个主题游戏，这个游戏是梅根与维罗妮卡和玛丽一起组织发起的。

在学前学校外面的院子里，玛丽和维罗妮卡正在扮演宠物马。梅根想出这个游戏，她用两个绒球来指挥宠物马的行动。雪莉一直在旁边看着梅根的表演，其他孩子都过来看，并想加入这个游戏。梅根开始时没有理睬雪莉，一会儿她就不玩了。梅根、玛丽和维罗妮卡跑到院子里的另处空地，雪莉跟在她们的后面，并再次要求加入游戏。但梅根却说她不带她玩儿。

在被拒绝了两次之后，雪莉要求玛丽和维罗妮卡为她当宠物马，并不再理梅根。玛丽和维罗妮卡没答应雪莉的要求，梅根告诉雪莉："我说过你不能加入！"

玛丽和维罗妮卡实际上并没有拒绝雪莉，只是听从梅根的话继续扮演着宠物马的角色。这能给她们一点自由，她们可以自行离开游戏，过一会儿再返回宠物马的游戏中。

雪莉一直试图说服梅根让她也加入游戏，但都没能成功。这时，雪莉开始哭起来了，并对着梅根说："你太不讲情面了！"随后，两个女孩开始互相威胁，并表示不再是"最好的朋友"了，以后不再邀请对方参加自己的生日聚会了。雪莉还对玛丽和维罗妮卡进行了威胁，但是她们坚持跟着梅根。最后，雪莉走开去告诉老师："梅根太小气，她不带我玩。"老师劝雪莉最好再找另外的小朋友一起玩儿。

这时，雪莉非常生气，她转过身去推了梅根一把，梅根反过来也推雪莉一下，很快两个女孩哭了起来。在活动时间结束返回教室后，老师让两个女孩坐下来讲出她们的问题。无论如何两个女孩都拒绝和解，在吃加餐时，她们背向而坐，互不理睬。到了午睡后，我回到教室，看到雪莉和梅根坐在一起和其他孩子看一个马戏团表演录像，两个女孩握着对方的手，实际上她们的身体已经挨在一起了。

在我所研究的学前学校里，孩子们之间经常发生情绪激动的争吵，女孩子之间的争吵多于男孩，其他学前学校也是如此。实际上，孩子们希望得到朋友的尊重。一位意大利老师在解决了这样的冲突之后向我提及此事时说："争吵总是发生在最好的朋友之间！"原因可能是在学前学校最好的朋友之间接触最频繁，最希望从对方得到一些东西，并常常对保持这种紧密的朋友关系感到不安。对于梅根和雪莉这个案例来说，雪莉不仅为梅根的拒绝而心烦，而且还为梅根可能更喜欢玛丽和维罗妮卡而懊恼。雪莉的"太不讲情面"的叫喊和她的断交的威胁也并不成功。然而，雪莉和梅根在冲突之后很快就和解了，这个案例可能显示出她们的争论实际上加强了她们的友谊，因为这促使她们对生活的重要性思考得更多。

正像我们在前面的案例中所看到的，在学龄前同伴文化中经常涉及交友过程和性别关系。虽然在布卢明顿学前学校有组织的活动或吃饭期间，男孩和女孩常常在一起，但在孩子们自由游戏的时间里，男生和女生却很少在一起。通过研究孩子们的游戏活动，人们可以发现年龄在 5～6 岁的孩子在自由游戏中男女生分开非常普遍，经常是由于男女生游戏风格和类型的不同而致（例如，男孩喜欢体育运动，喜欢打打闹闹的游戏；而女孩则喜欢扮演角色之类的游戏）。这些现象在年龄更小些的孩子中也存在着，以性别分开玩游戏在美国中产阶级白人的孩子中比拥有不同宗教信仰和文化背景的少数民族孩子之间更明显。我们在本书的后面可以看到，在头脑领先计划中的儿童以及意大利孩子比美国中产阶级白人的孩子更少注重性别区分。

在布卢明顿学前学校，当自由游戏期间，女孩和男孩一起玩的时候，他们的游戏通常是采用社会学家巴里·桑那（Barrie Thorne）称之为"边界活动"的形式，并定义为划分 加强女孩和男孩之间界限的活动。尽管由女孩与男孩一起参与游戏，但这种"边界活动"构建了对性别不同的强烈意识。这里有一个我研究的实例，它来自于布卢明顿一所学前学校。

安妮塔、露丝和莎拉正在追肖恩和大卫，而这两个男孩假装害怕女孩们。此时，男孩们越过一块大石，声称石头是他们的大本营，我刚好坐在那儿。安妮塔和莎拉跑过来撩起她们的衬衣说："你们想看到我的胸罩吗？"

"我肚脐上有一个胸罩，"安妮塔补充道，随即她撩开她的衬衣展示她的肚脐。

后来，当男孩子们跑开后，安妮塔告诉我："在家里我真的有一个胸罩！"

虽然女孩子们还太小，实际上，乳房还没有发育，但她们已经意识到了女性的乳房将会发育，并要佩戴胸罩。此外，她们似乎认识到对男孩们露出乳房在某种程度上是在威吓男孩们，女孩子们使用这种方法增加他们的追跑游戏。

谈到性别和男女生之间的关系，同样引发了一场讨论，这通常发生在吃甜点的时段内，这时候男孩和女孩是在一起活动的。

在吃甜点这段时间里，维罗妮卡说她要和马丁将要结婚了。

"好吧，"马丁同意，"我们住在纽约吧。"

"你想接吻和拥抱吗？"马克问道。

所有的孩子都笑起来，过了一会儿，集合时间到了。

孩子们常常对所听到的成年人及其成年人生活中的事感到极大的兴趣，有时他们会利用这些信息来预测他们自己的生活道路应该是什么样子。在这件有趣儿的事中，从讨论维罗妮卡和马丁两人理想的未来开始，随后便开始有关接吻和性方面的玩笑。孩子们究竟知道多少有关隐讳的事，如性问题等，这一点人们并不很清楚。孩子们已经获得的这方面信息来自于他们的同伴或大众媒体，这里的情况是孩子们喜欢向他们的同伴显示他们这方面的知识。最有意思的是这些谈话发生在男孩和女孩在一起而成年人也在旁边的时候，这时他们可以充分地放松并继续谈论这一话题，甚至可以开有关性方面的玩笑，而不会被其他小朋友奚落和嘲笑。

在印第安纳波利斯头脑领先中心孩子们的友谊、小团体和性别问题

在印第安纳波利斯头脑领先中心，虽然在一些自由活动中有些是以性别分开进行的，但是和布卢明顿学前学校相比却有更多的孩子不分性别共同参与游戏。相同的是，一些孩子找某几个孩子玩比与其他小朋友一起玩的时间要更多一些，但是在头脑领先中心却没有很强的性别意识。由于在学校开学期间教学项目经费有限，孩子们共同度过的游戏时间较少，因此，这可能一直是影响孩子们小团体形成的一个原因。孩子们在一起玩的时间每天大约3个小时，一周4天，比鲁卢明顿学前学校的一天7～8个小时，一周5个的教学节目要少许多。缺少小团体也是头脑领先计划要培养孩子们强烈的集体意识所获得的成果，该计划强调每个孩子在小组之中的重要性。在任何情况下，尽管在孩子们中间出现冲突和争论，但这些冲突和争论很少与上面所涉及的争吵有关系，也很少发生在朋友之间。

在头脑领先中心跨越性别的游戏和只有同性参加的游戏，其主题都非常有趣，因为游戏的主题多种多样，且不固定性别形式。男孩子扮演家庭角色不再犹犹豫豫，他们或与女孩子或他们自己扮演家庭中的角色。在多种场合里，4～5个男孩一组进入家庭游戏区，拿出餐具，摆好桌子，假装做饭，然后吃饭。他们还喜爱在地板上睡觉、整理房间、打电话。除此之外，还打破固定形式的角色扮演，扮演理发店中的角色。

4 个男孩（查尔斯、耶利米、安特温、约瑟夫）进入家庭游戏区，并开始搭建桌子，我刚好坐在那里。安特温找到了一把梳子，拿起来梳理我的头发。其他男孩都不再摆桌子了，过来围着我。查尔斯挑选出一把玩具剪刀，让我说"茄子"，在安特温给我梳头时给我拍照。

"这是一家理发店，"查尔斯说，他拾起一把塑料剪刀和一张纸，开始剪我的头发，然后梳理我的头发。他握着刀子和薄纸，好像他正在给我剃光头。现在安特温不再梳我的头发了，他拿起了一把扫帚开始清扫椅子下面的碎头发。

耶利米也拿起剪刀修整我的头发，查尔斯还继续给我理发。"嘿，当心！"查尔斯告诉耶利米："我们必须为他做好，他要去参加音乐会。"耶利米后退一步，查尔斯拿起一把毛刷，"我正在给他刷去身上的碎头发。"查尔斯说道。

查尔斯给我清扫完身上的碎头发之后，扔掉毛刷去打电话，他假装使用理发师椅子旁边的玩具电话。这期间耶利米再次修剪我的头发，约瑟夫也拿起毛刷来扫掉我身上的碎头发。安特温后来拿着一把大扫帚扫地，将我裤子上和鞋子上掉下来的碎头发扫走。

打过几个电话之后，查尔斯回来说，"比尔，头发马上就要剪好了，他的女朋友正在找他呢。"我假设查尔斯的意思是要带我去参加音乐会。这时，耶利米和约瑟夫开始争着用梳子给我梳头，耶利米说，"我是理发师！"我建议当耶利米继续给我剪发时，约瑟夫可以清扫我的鞋子，他接受了这个任务。

我问耶利米为我剪发需要多少钱，他说，"5 个美元。""不，10 个美元，"查尔斯说。我说 5 美元比较合理，随后便假装付给耶利米 5 美元。现在查尔斯和约瑟夫在活动区里转动着一面镜子让我能够看到我自己的头发。大约在这个时候，老师告诉男孩们开始收拾玩具，游戏结束了。

很显然，理发店是男人活动的区域，并且在非洲裔美国人的社区里，理发店是适合社会高层男人社交的场所。男孩们假装给我理发，不仅灵活地使用推头剪刀、梳子和剪子，"塑造"一个时尚的发型，而且还在讨论我为什么有这种需求。我将要去参加一个音乐会，我的女朋友希望看到我很精神。男孩们还打了几个电话，这是在他们社区理发店里典型的行为（做饭与打扫房间）。总之，他们将常常将一个家庭游戏区域变换成一个男人的职业活动场所（建立了一个理发店），毫无疑问，在他们童年的生活中增加了丰富的经历。

女孩子喜爱扮演家庭角色和一些类似艺术和手工艺方面的活动，如果没有老师推动，男孩子们很少会参加这样的活动。然而女孩子同样喜欢和男孩子竞赛并向男孩子挑战。这样的竞赛经常出现在体育馆里，并形成我们前面曾讨论过的"边界作品"。

在我们排着队等候着去体育馆的时候，几个女生过来告诉我，在体育馆里有一个女子俱乐部不允许男孩子进去。当我们抵达体育馆时，老师让孩子们参加一项活动，大家围成一个圈，随意扔一个大红球。这项活动有助于培养爆发力，孩子们很愿意做，特别要试着去猜想球会飞到什么地方。玩球的活动一结束，几个女孩子就跑向攀登室。我到那里时我听见她们说，"这是女孩子的俱乐部！"她们赶跑了两个男孩，这两个男孩很好奇地想要进去看一看，很快，便被赶了出来。现在攀登室里有7个女孩子，包括两个其他班的女生。在俱乐部，这种竞赛活动已有一段历史，显然女孩子们喜爱赶跑男生。后来，女生们放弃了这个俱乐部，几个男孩子进去了，一边爬高一边大喊："我们占领了俱乐部！"女孩子们正在其他地方玩，没有在意男孩们对俱乐部的占领。

以性别分类的意识和以性别定界活动区域的谈判是头脑领先中心孩子们特性的一个重要标志。从这个例子中可以看出，性别是一个特别突出的识别标志，来自外班的两个女孩子想参加游戏，她们被立即接受了，因为她们符合了进入"俱乐部"的性别条件。无论如何，正如我们先前讨论过的，这种"边界作品"夸大了性别的差异，实际上女孩和男孩在一起玩会产生竞争。因而，这是女孩与男孩在一起玩的一种方法，利用玩的内容来表明不需要男孩参加。简而言之，女孩子（差不多总是发起"边界作品"）最常说的话是你不能在这儿玩，但我们敢保证男孩可以去试试。这种女孩玩的游戏的乐趣就是嘲弄男孩子，并驱赶着他们离开。如果男孩子不在意她们，这种情况就可能不会出现。其实，从女孩角度看，不想与男孩子玩实际上就是在和他们玩。

在头脑领先计划中，女孩子在个人的相互作用和朋友之间的友谊方面表现出的过分自信也是显而易见的。在班里，一些女生很热衷于取笑男孩子和其他女生。有一个叫迪莉娅的女孩，她经常喜欢站在男生面前和他们争吵。

迪莉娅看见我在"监狱"（我被几个扮演警察的男生关了起来）里记笔记时，她想要我在笔记本上写下她的名字。我递给她笔记本和铅笔，正当她要写名字时，多米尼克走过来，说："给我那个笔记本。"迪莉娅告诉他："我在写名字，你躲开！"

"你在向警察提要求吗？"我提醒迪莉娅。

然后，迪莉娅说，"别理我，警察！"她写下她的名字，把笔记本和铅笔还给我，走开了。

雷蒙纳靠在迪莉娅的身边，从迪莉娅与雷蒙纳这种关系可以看出迪莉娅十分自信。雷蒙纳告诉其他几个小朋友和我，说迪莉娅是他的女朋友，他去过她的家。迪莉娅否认这两点，尽管如此，雷蒙纳却不放弃，他继续追着迪莉娅。

埃丽莎和迪莉娅在一个圆形区域的地板上一起玩拼板游戏，她们正在拼一个大型校车。两个孩子一起将一块块拼板放到合适的位置上。正当她们快要完成这个拼图时，雷蒙纳过来了，他想要加入一起玩。迪莉娅说，"如果你和女生一起玩，那你就是一个爱玩女孩玩具的男生！"雷蒙纳不愿意充当这个角色，便迅速离开了。但过一会儿，他又回来了，并拿起一块拼板。迪莉娅夺了过来，并说如果她和男生一起玩，就会被叫做玩具男孩；所以如果雷蒙纳要与她们一起玩，就是玩具女孩。她还说无论如何她们不和与雷蒙纳一起玩，埃丽莎表示同意。这时候雷蒙纳走到教室的另一个地方玩去了。

迪莉娅使用"玩具女孩"这一词使得雷蒙纳不再和女孩子们一起玩了。这个词语非常有趣，是从"玩具男孩"演变而来的，它还改变了拒绝的性质，从"不要跟我玩"到"不要跟女孩子玩"。迪莉娅表明她自己一直在嘲弄想要与她一起玩的男孩。总之，从这些实例中，我们能够看到头脑领先计划的孩子的构建和在他们之间利用性别的复杂性。

在意大利幼儿园里的友谊、朋友圈和性别问题

在意大利，我已经融入博洛尼亚和莫德那学前学校儿童的文化中。这两所学前学校非常强调公共和集体的价值。在博洛尼亚，老师们鼓励那些已经在学前学校学习过 2~3 年的孩子，帮助那些 3 岁左右的新生，并与他们一起玩。其结果，在这些孩子的文化中，产生大量跨年龄、跨性别的游戏。尽管如此，在学校中仍有 5~6 岁的孩子结成小圈子的现象，这些孩子经常地在一起玩，并常常到彼此的家里去玩。学期快结束时，稍大点的孩子开始明白他们的生活将要发生变化，他们要上小学了，学前学校这种孩子们间的亲密友谊将可能消失了。在这种不确定因素的情况下，孩子们之间很可能会引发争论或争吵。像这样的争吵就出现在 3 个亲密的好朋友之间（马里奥，安佐和丹特）。他们都是 6 岁，都有害羞的毛病。他们 3 个人是好朋友，但安佐和丹特与马里奥的交友时有一段争斗的经历。男孩子们一直在玩一种拼板游戏 Clipo，一种带凹槽的塑料板，两个之间利用凹槽对接在一起。他们正在考虑如何玩，是丹特提议玩这种拼板的。丹特特别喜欢用拼板制作一艘太空船。安佐不赞同这个主意。

"丹特，为什么我们必须要做你想做的每件事呢？"安佐抱怨道。

"不，不对，安佐，"丹特说。"有一次，我听马里奥说，你要搭建最好的太空船，但你总是不带我们玩。"

"不对，"马里奥争辩道，"那不是真的，我从没说过他想排除我们。"

"我总是能用拼板搭建那些我想到的东西，"安佐说，"但是，将来有一天你会说我能做得更好。我记住它，如果你记不住，我能记住。你明白吗，丹特？"

"听着，安佐，是的，"丹特回答说："但是我告诉你一些事情是马里奥说的。我不想相信它……"

"但是，请原谅，"安佐打断说，"马里奥没说，因为那天我在那儿。"

"我知道，可你在别的地方，"丹特说，"马里奥偷偷告诉我，你不能……"

"不，他背地里没讲过，"安佐插话，"如果他要是背地里讲了，我就再也不跟他做朋友了。"

"但我在哪儿呢？"安佐问道。

"你在，你在花园那边？"丹特说。"你在那儿，在小游泳池的另一边和其他小朋友在玩，而马里奥就在那边的树后面，他告诉我'我们回到这儿，因为他不想让我们参加游戏……"

"什么？"安佐立即打断问道。

"我没说这些，"马里奥郑重地说。

正像我所记录的，丹特和安佐经常会为与马里奥的友谊而争吵。因此，安佐的公开对话可以被理解为仅仅是为了反对玩"拼板"。这可以看作是一种策略上的动机以此建立与马里奥的友谊（强调他们对丹特执意要玩"拼版"的共同不满），并使丹特和马里奥产生隔阂。丹特简单地否定安佐的建议（他们总是想玩"拼版"）是非常重要的。丹特没有停止反对意见，他说了一件事情，就是马里奥和他一起共同说过安佐的坏话。

马里奥也加入拒绝丹特参加的争论中，丹特说安佐不希望跟他们一起玩。令人惊讶的是安佐不在乎马里奥的反对，并很快地对他所看到的丹特的话做出反应，因为他们仅仅在模仿别人说的话，而不是原话。尽管如此，丹特还是有意回避安佐的挑战，提醒他不要简单地重复马里奥说过的话。安佐宁愿接受马里奥先前的拒绝，也不愿去怀疑丹特讲述过去那件事情的真实性（"那天我在那儿"）。在这一点上，对于安佐而言，证明丹特错误似乎比接受马里奥在争论中暗地支持他更重要。

对话的复杂性和丹特、安佐的策略给人非常深刻的印象，他们仅仅是 6 岁的男孩。我们同样地注意到曾经发生的关于友谊的争吵可能在无目的地转移。例如，马里奥发现自己被牵扯到争吵中，可是他对这样的争吵一点都不感兴趣。

事情对马里奥来说变得更困难，丹特承认马里奥告诉过他一些关于安佐的秘密。我发现这对于孩子来说并非奇怪。在意大利和美国，关系密切的孩子之间愿意共享秘密，例如计划相互访问对方的家、一起坐下来吃午饭或要求和老师活动。总之，在一些特定的场合秘密并非重要，放在友谊之后，然而，随着友谊小组的稳固建立，孩子们会将更看重自己的小组。

说到共享秘密的重要性，安佐很理解丹特不是很积极地要求马里奥一起保守秘密。任何孩子都不会私下对其他人说一个朋友的坏话。在这一点上，安佐不仅怀疑丹特所说的事情，而且还暗中威胁马里奥（"我将不再是他的朋友。"），如果丹特的话是真的。马里奥否认他偷偷地告诉丹特。尽管如此，安佐和丹特仍在继续他们的争吵。

"我不是要把你们排除在游戏之外，"安佐对丹特说。

"我告诉你——"马里奥对丹特说。

"你告诉我什么呢？请告诉我！"丹特要求说。

"我不说了……"马里奥说。

"不，"丹特再次打断马里奥的话。"那不是真的，马里奥。"

"听着，安佐，是真的……"丹特又开始新一轮的争吵。

马里奥插话，"你知道马里奥是罗马勇士的名字吗？这是一个非常古老的名字。"

"我还想告诉你另一些事情，安佐，"丹特没理睬马里奥说道。"我不想作卡通机器人，我想复制宇宙飞船。我邀请他们参加，我自己的确能完成。"

"这是因为你家有所有的机器人，"安佐说。"我到你家参加聚会的时候，我看见你玩过。"

意识到安佐对秘密的话题十分认真，马里奥试图改变这个话题。虽然没能成功，但显示出马里奥非凡的人际关系技巧，他聪明地试图说孩子都感兴趣的事来巧妙地转移话题（他说他的名字起源于罗马勇士的名字）。马里奥希望就此转移正在争吵的同伴的注意力，使其不再争吵。如果成功的话，他就能将自己从同伴的争吵中摆脱出来。然而，丹特和安佐都没理睬马里奥的策略，他们继续争论有关丹特用拼板搭建的作品。

这个例子揭示了年龄大一些的意大利儿童相互间的友谊的高度整体性。这也提醒我们应去理解这种完整性，我们必须意识到孩子们形成小圈子的历史性和关联性，而在这些小圈子里我们可以从加入或成为小圈子的一员来观察到孩子们之间的友谊。

在莫德那，我加入了孩子们中一个中等规模的小圈子，这个小组已经成立3年了，孩子们创建了高度的团体性和丰富的儿童文化。所有的孩子彼此十分友好，他们更多地考虑是友情而不顾及年龄或性别，这里不是唯我独尊的小团体，一些因素促成了高度共享的儿童文化。一方面是学校的课程。虽然一些活动是在老师的全力指导下，选择同伴且有一定的自由度，但是还有许多老师影响很少的活动，孩子们可自由选择。在大多数时间里，小组聚会时间（有老师指导的）和课外时间（自由活动），通常是2~4个孩子和老师一起进行艺术创作或进行读写能力培训，其他一些孩子往往选择其他的活动（如素描，绘画，剪纸等），他们没有老师的监管，另外一些孩子则选择了自由活动。孩子们经常是无声无息地加入或退出有组织或半组织的活动以及那些自由活动，因为有组织的活动通常是男女混合参加的，我观察到有很多半组织的活动和自由活动也是如此。

造成儿童文化缺乏差异性的另一个因素是游戏固定和大众化。孩子们喜欢参加传统的具有性别特点的活动，如适合男孩子玩的体育运动和游戏比赛（如骑自行车，踢足球以及超级英雄游戏）和适合女孩子玩的洋娃娃。另一种具有性别特点的典型活动就是角色的扮演，这些活动已经形成了一种很复杂和完整的模式。虽然女孩子们更喜欢参加戏剧表演，但男孩与女孩都经常地参加各种类型的角色扮演，这些活动已经使得性别界线模糊不清，并打破了性别固有的思想。

最普遍的是扮演动物角色，男孩子和女孩子们都装扮成狗、狮子或老虎。然而，除这种类型的角色扮演之外，意大利的孩子还常常重新塑造多种多样的角色或扮演电视节目中的角色，这在意大利是非常普遍的。在莫德那，我作研究期间有一个电视节目十分受欢迎，这个节目具有两个主要人物，一个男主持人和一个女吉卜赛占卜者，他们与两对夫妇竞争一笔奖金。表演得非常有特色，经过精心组合和布景，歌唱演员和舞蹈演员身着鲜艳的服装。在他们的表演中，孩子们首先关注的是表演的游戏部分，两对夫妇中一个人都要从女吉卜赛占卜者手中摆开的 7 张扑克牌中选择一张。目标是正确地回答相关的问题，不同的牌上有不同的问题，答对了就赢钱，避免"黑桃"；如果你选错了，就会退出竞赛，同时失去先前赢的钱。舞蹈动作的设计是围绕着女吉卜赛占卜者令人紧张地弹出纸牌的动作展开的，整个过程配有悦耳动听的乐曲。

在学校，孩子们都非常喜欢表演，尤其是一个叫达瑞奥的男孩。他常常组织男孩和女孩子们玩这种游戏，使用常规的玩牌方法，用黑桃 A 象征月神。他有时候也将电视游戏表演的卡通版本从家里带到学校。也许吉卜赛人是中心人物，男孩和女孩子们都要玩很多遍这样的游戏，每一次都有一个孩子充当他们都渴望扮演的角色。这样，无论是男孩子还是女孩子都努力再现这个有趣的角色，不分性别，都想表达角色最突出的特征（一个男孩扮演主持人，一个女孩扮演吉卜赛女人）。

莫德那的孩子，像我研究过的其他意大利学前儿童一样，重视口头的争论和辩论。这种辩论或意大利人提到的讨论都是构成学校和儿童文化完整性的一个部分。无论如何，孩子们不仅利用辩论在学校中建立了集体的氛围，而且他们还对从辩论逐步升级到身体冲突的情况非常敏感。在这些情况发生时，孩子们共同努力缓解冲突，重建和谐的关系。

　　孩子们通过幽默手段来缓解这样的冲突，这是缓解冲突的途径之一。在口头争论中，经常会出现争论输了的孩子指责另一个孩子"什么都知道"。同时，相互对骂有时会使冲突升级。最后，冲突的升级通常被其他并非直接参与冲突的孩子所平息，他们用幽默的语言支持那些挑事的孩子。常用的方式就是称呼那些控制欲很强的孩子为"教授"，这是一个貌似恭维实为挖苦的话，暗示着挑事一方是很重要的。这里有一个例子。菲拉罗跌倒了正在哭泣。桑德拉说是菲拉罗自找的，摔伤了脚是因为他跑得时间太长了。这样的判断对受伤的菲拉罗来说就是侮辱，他感到很委屈。维安站在一旁，像是个观察员似的，他说"嗨，桑德拉是医生。"桑德拉和菲拉罗对这个称呼笑了起来，冲突结束了，尽管菲拉罗的脚还是疼的。

　　但也有一些案例，幽默不足以平息争论，有时候还会加重争论。在多数这情况下，没有介入争论的孩子常常会在争论的各方之间讲和。这里有一个我在现场记录下来的实例。

　　卡洛塔和索非亚就该轮到谁去骑空下来的自行车发生了争吵。争吵中两个孩子发生了一些拉拉扯扯的动作，卡洛塔非常生气。我注意到以前这两个孩子也多次发生过争吵。这时，我看到爱莉莎带着索非亚走到卡洛塔面前，我急忙紧跟在她们的后面。爱莉莎告诉索非亚和卡洛塔各自单独待呆一会儿，问题会解决的。可是卡洛塔很不高兴，开始哭起来。这时，斯坦法尼娅，菲得瑞卡和爱莉莎来到卡洛塔身边，与此同时玛丽娜来到索非亚身边。爱莉莎吩咐玛丽娜将索非亚拉开与她谈话，因为她（爱莉莎）要和卡洛塔说话。索非亚开始哭起来，玛丽娜来安慰她，一会儿爱莉莎和斯坦法尼娅也来安慰她。玛丽娜带着索非亚去找老师，后来她们两人去找爱莉莎，她正与卡洛塔在一起。

　　与此同时，瑞那图过来与卡洛塔和爱莉莎说话。玛丽娜带着索非亚过来。玛丽娜说了一个笑话使大家都笑了。但是卡洛塔和索非亚仍然很沮丧，索非亚说卡洛塔是个"大骗子"。其他小朋友都在努力解决她俩之间的矛盾。最后，两个孩子似乎同意不再争吵了，但是她们并没有和解。随后当孩子们进入教室，洗手，坐下来等着吃中午饭时，我注意到卡洛塔和索非亚已经和好并紧挨着坐在一起。她们非常高兴，时时大笑。她们还非常高兴因为玛丽娜（她也在等着吃午饭）选择与她俩在一桌。她们拉手搭背一起跑开了。

　　这是几个例子中的一个，由孩子们组成的一个小组（通常是 4~5 个孩子）在一起活动以解决同伴中两个孩子之间出现的不和。在这些案例中，教师们逐渐明白了问题所在，便有意识地离开这些孩子让他们独自地解决他们自己的问题。孩子们将两者或多人之间的严重冲突看成是对同伴文化团体性的威胁，和谐地去解决会减少这种威胁。

我们能够用这个实例与前面我们曾讨论过的在布卢明顿学前学校发生的案例进行对比。在那个案例中，两个女孩，梅根和雪莉发生了严重的冲突，其他的孩子（当雪莉参与游戏时，甚至有两个女孩要和梅根一起玩）都没有介入这个冲突之中。简言之，这个冲突被看成是个人的事情，有点像团体外的事情。老师在做这两个美国中产阶级家庭女孩的工作，最后她们和解了。然而，在莫德那学前学校，正像我们看到的，冲突被看成是个人的事情，但它威胁到作为整体的小组。总之，在莫德那，在孩子们之间的友谊和同伴关系中，冲突的性质和处理方式再次显示了孩子群体很强的社会凝聚力。

友谊的学问

在本书的开始，我们曾讨论过心理学家一直对儿童的友谊是怎样发展起来的非常感兴趣，他们把这个问题视为一个抽象的概念或一套可以描述和使用的技能。这种方法对于分析儿童时代每个孩子如何获得友谊和交往技能是非常有用的。无论如何，这种方法或多或少地告诉我们孩子是如何在日常生活中交友的，友谊是如何发展起来的。

我们说要研究儿童友谊的学问，这意味着，如同所有的社会知识一样，友谊的学问源于不同历史时期多种社会形态下的社会行为（和其他人共同做事情）。美国白人的、非洲裔美国人的以及意大利学前学校的孩子们都盼望着和其他孩子交朋友，一起玩。朋友是你可以和他们一起玩的一群孩子。我们讨论过在许多学前学校大一点的孩子，他们对好朋友的概念也有相同的认识——你可以与他们有特殊的友谊、你关心他们、与他们一起分享秘密。然而，了解了儿童友谊学问的两个普遍的观点仅仅是抓住了儿童文化中友谊多样性和复杂性的外表。为了领悟这种复杂性，我们必须重视友谊的概念和技能发展下的社会背景。我们这样做时就会发现性别结构、小组的大小、一组孩子在一起的时间、学前学校课程性质以及小组的社会和文化价值和社会的广泛性，这些因素与儿童的友谊紧密相关。无论如何，试图将这些因素从社会的束缚中拉出来，并企图用某种方式去衡量它们是怎样影响孩子们的友谊，此举并非易事，但值得一做。相反，我们必须相信我们所确定的友谊的本质，使我们去认识这些本质，去了解、去感受、用全身心去理解在儿童时期这些孩子之间友谊的实质。

第四章 "如果你死了，
你就不能说话了"

● ● ● ● ● ● ● ● ● ● ● ● ● ● ● ●

想象和假设游戏

    在伯克利学前学校，约瑟夫和罗杰正用小木块在桌子上搭东西。我和他们坐在一起，观察着他们。我注意到约瑟夫搭的东西越来越高。老师凯瑟琳看到了，便走到桌子旁边。

    "孩子们，好高的建筑呀！"凯瑟琳说。

    "是呀，"约瑟夫说。"这是吸血鬼帝国大厦！"

    凯瑟琳和我彼此相视，然后笑了。凯瑟琳马上走开了，我又回过头来继续看约瑟夫和罗杰玩。他们并没有笑而是在继续忙着搭建他们的大厦。这时男孩子们已经将他们虚构世界的两个要素混合在了一起：高高的建筑和怪物。在玩的过程中，他们使用吸血鬼帝国大厦来命名他们搭建的东西，这对我们成年人来说会觉得很滑稽可笑，但是对于孩子们来说这名字似乎很正确，合乎逻辑。

    当涉及儿童的想象和假设游戏时，孩子们不像成年人那样有不同的观点，他们想象自己是世界上熟练的制片人和导演。事实上，我相信幼童（3～5岁）在创作、共享和欣赏想象游戏方面比年龄稍大的儿童或成年人更具才华。为支持这种想法，我们搜集了案例加以说明，很有必要将儿童看作是他们自己象征文化的积极消费者和生产者。在仔细地观察和拍摄了大量的儿童想象游戏的实例后，我终于理解了孩子们是如何创作这些游戏的。我还发现孩子们采用了成年人创作的文学、电影、音乐和电视节目的基本主题和形式，然后在他们自发的想象游戏中使用并丰富这些素材展示他们的文化。许多这种自发的、即席创作的表演强调了儿童在早期阶段社会情感的需求。

什么是突发想象，它是如何产生的？

几乎所有游戏的定义都包括一定程度的想象力和组成活动的规定或严格的规则。在突发并具想象的游戏中，孩子们可以成为动物、妖怪、海盗、车辆工程师、建筑工人等，用这些东西来构建游戏活动。他们经常玩卡通动物玩具、搭积木、玩玩具汽车、火车等。我的目的是区分这种日常游戏中的突发想象（见第5章），我正在用多种方式来确定它。在这种日常游戏中，孩子们扮演社会生活中的各类角色（如妈妈、爸爸或其他各种职业角色）。

在突发想象的角色中，可能会有母亲、父亲、消防队员、士兵或赛车手（这些社会上存在的角色）。但是孩子们受到鼓舞的不是具体表达这些角色，而是生动地扮演他们。在学前学校，突发想象可发生在沙箱周围、桌子旁或在拼板区，有时也发生在手工桌旁作为艺术和素质的体现。孩子们在这些区域里萌发的期望并没有适当地阐述出来。他们知道他们能玩的那几样固定的玩具（卡通动物，积木，汽车等），但是他们很少带着明确的活动计划来到这些区域。游戏活动的形成是一个口头商议的过程；尽管偶尔谈到成人世界共同拥有的知识，但并非持续不断地依赖于团体活动。简而言之，活动具有更高的创造性，是即兴创作的结果。

在突发想象中，孩子们使用许多独特的交流方法。这里有两个较短的案例，它们来自一个较长的游戏，游戏的主题是"危险－营救"，由伯克利学前学校的孩子们创作的。在本章的后面部分，我会返回到这两个游戏，并探讨在突发想象中这个和其他的主题结构（丢失－找到、死亡－复活）。

丽塔、利亚和查尔斯（他们全都是4岁大小的孩子）正蹲在沙箱周围玩着动物玩具。当孩子们走进这个区域后，我们立即开始拍摄这个游戏。

"救命！救命！我被困在森林里了，"丽塔一边说着一边使劲地上下移动着一个玩具马。

查尔斯拿着一只玩具兔，单脚跳着来到沙箱的中心区，并说，"跟着妈妈，进入这个围栏里。"

然后，利亚将玩具羊挨着丽塔的玩具马，并问，"你家在哪儿？"

"进到这个沙堆里，"一边说查尔斯一边将他的玩具马埋进沙坑里。

"进来了！"利亚喊道，她把山羊放到了沙堆顶上。

查尔斯重新将他的小兔从沙子里拿出来放到利亚的山羊旁边，"放进去……"

"放进洞里！"丽塔喊着推开查尔斯，她把她的玩具马放到查尔斯的玩具兔旁边。然后利亚和丽塔将她们的动物放在沙堆里，用沙子盖上它们。丽塔一边哼哼着"嘟－嘟－哒"一边继续做着。查尔斯手中拿着玩具兔在沙堆顶部看着。

在突发想象的游戏中，孩子们使用语言的平衡性，如音质和音高都是非常重要的。在他们的谈话中，最后一个音节使用高音或重音，并提高语调强调他们就是正在扮演的动物。孩子们通过在沙堆旁摆弄这些动物、让这些动物相互帮助和辨认家园来开始构建游戏。

然而，这只是游戏的开始。对游戏设计的内容没有实质性的建议（例如，这样一个游戏主题"假设我们是动物，一场暴风雨将要来临"）。相反，孩子们依赖于他们说话和动作的特征和同伴们的回应来表明他们在一起玩，并且在必要时根据同伴的相应回答来确定突发想象游戏。

游戏在继续，查尔斯在沙堆的顶部拿着他的小兔上上下下晃动着，并说，"这是我们的大－大－家庭！我－我－是一个挨冻的松鼠！"随后他将动物玩具埋入沙子里。利亚拿起另一只动物玩具也将它埋进沙子。

丽塔随后从沙堆里拿出她的玩具马说，"我把它拿出来了。我快要冻僵了！啾－啾－啾－啾！"丽塔"啾"一次就将她的马上下摆动一次。

利亚正在向上推沙子使沙堆变得更高，她对丽塔说，"把马埋起来。"

丽塔现在将她的马放进沙子里，并盖上沙子，说道，"哦—啾—住进房子里喽！"

丽塔又捧起一把沙子撒在沙堆上。一边做一边喊："哎哟，看呀，下雨了。要下雨了。"

查尔斯现在将他的玩具松鼠从沙子里拿出来，说："要下雨了，暴风雨就要来了！"

"是啊，"丽塔回答。

"打闪电了。帮帮忙呀！"查尔斯叫喊着。

查尔斯马上将他的玩具松鼠从沙堆里移到沙箱的另一边，并说："闪电不会击中我的，虽然……因为闪电会击中较高的东西。可能会击中我们的房子，因为房子是最高的，因为我们的房子是用……"

当利亚和丽塔将他们的玩具动物从沙子中拿出来时，利亚打断查尔斯的话，"走－走。"

"但是我们的房子是用钢造的，"查尔斯继续说。"所以闪电可以落到地上。"查尔斯现在将他的玩具松鼠放回沙堆上。

"对，"丽塔说。"别拿着马。"丽塔和利亚现在又将他们的玩具动物放回沙堆里。

查尔斯提出一个概念，沙堆可以作为玩具动物的家，并且他（他手里拿着的玩具兔子）扮成正在挨冻的松鼠。查尔斯开始讲话时特别强调形容词"大－大"字，他拉长声音以显示他将沙堆变成动物的家。随后丽塔将她的玩具马从沙子里拿出来延续着查尔斯的游戏，她反复地说"我快要冻僵了！"这时，丽塔正在试着做查尔斯先前的动作，她反复表明查尔斯的意思（在屋外动物们就会冻僵了）。于是，利亚转过身来告诉丽塔"进房子里去。"这里，我们对查尔斯原始的想法有些延伸，即：利亚告诉丽塔房子里面会暖和些。丽塔适当地做出回应，将她的玩具马放回到沙子里。

对于丽塔的举动最有趣的是她的讲话和玩具马的身体动作是融合在一起同时进行的：她一边做动作，一边描述着她自己的动作。我发现在突发想象游戏中孩子们一向是对他们的行为作出一个口头的描述。当我们用成年人的观点去观察时，这样的描述应该标注为"以自我为中心的"演说。心理学家皮亚杰（Jean Piaget）描绘出许多学龄前儿童的以自我为中心的语言特色和思考逻辑，指出这种行为基本上是属于感性的，并且是自我控制的而不是社会的。无论如何，在突发想象游戏中，对持续的行为描述是非常重要的，从而可以告知其他参与者通常会出现什么样的情况，并允许孩子们开始和扩展正在进行的游戏活动。正像我们所看到的，在这个案例中，孩子们参与了游戏，并扩展了他们的游戏。

当丽塔将她的玩具马放到沙堆的家之后，她做的事情就是我称之为"突发想象"的一个极好的例子。当瑞塔用沙子埋她的玩具马时，她注意到沙子像下雨一样落到沙堆上，便说道："噢，看，下雨了。""雨"的出现是突发想象，并非可预知的。"雨"的出现是丽塔碰巧在向天上扬沙子而不是将沙子推到沙堆顶部造成的。她以说话的方式吸引其他孩子对她突发想象的注意扩展了这个游戏的影响力。然后，她通过陈述表达了她的行动和语意，在这个基础上，其他孩子可继续发挥。

查尔斯所做的是将丽塔对这个游戏的延伸发展到了"暴风雨"，并且在丽塔那里得到了认可。然后，查尔斯为暴风雨增加了"闪电"，他建议离开房子以避免雷电的袭击，因为房子是这里最高的建筑物。

查尔斯与其他孩子表明了他的想法之后，他拿起动物玩具离开房子。两个女孩跟随他这样做。然而，在警告有可能发生雷电袭击房子后，查尔斯又改变了他的想法。他决定用钢材造房子，这样"闪电可以落到地上"。他正在描述"避雷针"的概念。然后他将他的玩具动物搬回沙堆里，两个女孩也跟他这样做，丽塔认为闪电"不会穿透房子"。

在游戏进行了几分钟后，一些事情发生了。孩子们达成一致，他们装扮成有生命的动物，这些动物都有自己的家，外边很冷，家里却很温暖，开始下雨了，不久变成了电闪雷鸣的暴风雨，闪电可能会击中房子，因为这房子很高，容易被闪电击中，最后这个房子安全地躲避了雷电的袭击，因为这房子是由钢铁建造的。孩子们完成这个相互协作的富有想象力的游戏，从开始到结束，孩子们都在聪明地运用着各种特色语言。他们毫无计划性，也没有额外的指导（例如，"让我们假设将有一场暴风雨"）。简而言之，想象游戏和开始危险营救（后面还会讨论）完全由社会活动本身构成。这种复杂、临时性的发挥是使用了语言的平衡性（声音、声调和语调），用音乐来操纵游戏的物体（玩具动物和沙子），动作声音描述，语言和动作的重复以及语义上的扩展（例如，从雨到暴风雨，再到雷电）。

人们很容易忽略突发想象游戏的复杂性，因为对于大多数成年人来说，这种游戏常常被看作"是孩子们玩的，只有孩子们才能相信"。然而，在完全没有固定模式（也就是说，对游戏没有进行讨论）、不明确、随机的方式下，我相信创作这样的假设游戏对成年人也是挑战。直到你非常仔细地去分析它或试图去做它时，才似乎感觉容易些。事实上，如果成年人在做这种游戏，他们就会理解这种即兴游戏的复杂性。我们愿意花钱去看即席喜剧，像"第二城"，我们夸大了经济的回报，如戏剧演员罗宾·威廉姆斯（Robin Williams）。然而，对学龄前儿童来说，它只是"孩子在沙堆旁玩假设游戏"。我们明白我们在寻找什么。

危险、被丢弃、死亡—复活：突发想象游戏的主题

虽然孩子们许多富有创意的游戏是突发的和临时准备的，但孩子们拥有成人世界各个方面的知识和他们自身的文化，这对于孩子们的创意却是非常重要的。已有的知识对于突发想象游戏的层次很重要（例如，孩子们知道暴风雨常常带有闪电），并且对特定游戏的主题构建也是十分重要的。

正像我们从最后一个例子所看到的，危险－营救游戏主题是随着孩子们用动物玩具所做的游戏而发展的。在孩子们的游戏中我发现了两个主题：丢失－发现、死亡－复活。这些主题都很相似，孩子们共享气氛的紧张或松弛。同样，对于故事的情景或叙述也非常相似（例如，童话故事和儿童电影）。然而，主题不是剧本或计划，它们也不是特定的，是可以极大地改变的。孩子们更信赖共有的知识，如危险、死亡、丢失，但有足够的理由创造出符合这些主题的想

象游戏。

"危险—营救"主题

孩子们想象危险的能力几乎是无限的。有暴风雨、大火、潮汐、暴风雪、泥石流、颇具威胁的动物、地震、流沙、毒药，这里我仅列举了一些。

让我们回到最初的那个例子，这涉及丽塔、查尔斯、利亚，并回忆起我们在哪儿断开的。记住孩子们说松鼠、马、山羊已经回到沙堆的家，在暴风雨来临时，它们很安全。

查尔斯一边从沙子里拿出他的松鼠，将它放在沙堆的最高处，开始再次将沙子盖在松鼠身上。利亚和丽塔在帮助他。

现在查尔斯假装从沙子里捡起什么东西（他用手弄些沙子到杯子里），并将它放置在沙箱较远的一边，远离房子。然后他喊道，"喂，家伙！不要走进房子。那是蛇。那是蛇——它想要爬进房子里。"

利亚将玩具牛从沙堆里拿出来，上上下下地摆动，大喊着，"嘿！我冷，冷，我冷！"

"快进沙堆里！"查尔斯一边命令一边保护着利亚的玩具牛。

"好。"丽塔说，这时她帮着给玩具牛盖上一些沙子。

"不！不要让它离开沙堆的顶部——沙子滑落下来——我们的房子快要塌了，"查尔斯警告。

"是－是，是！再多搬点沙子，"丽塔说。"我们搬得再快点，能搬多快就多快，我们能把沙子搬走！"丽塔正在帮着查尔斯和利亚，他们正在沙箱周围搬运沙子来加固房子。

"是的，"查尔斯说。"我们将雪铲除得越快，我们就越暖和！"（查尔斯的变化与丽塔很相似，节奏相同）。

"太阳出来了，"丽塔宣布。"噢！噢！"

"嗨！暴风雨结束了！"查尔斯喊着。

"呀！噢！出来吧！"丽塔喊着。她从沙子里拿出她的马并将它高高地举在空中。

"出来，"利亚说，这时，她和查尔斯来到沙堆上拿出了他们的动物玩具。

在这个例子中"危险－营救"主题和所有其他我观察到的实例都包括三个阶段。每个阶段都显示出儿童文化关于危险感知的不同特征。第一阶段需要承认危险。令孩子们最感兴趣的是危险将要怎样发展，虽然孩子们希望在突发想象游戏中出现危险，但是危险的到来总是令人感到惊讶的。孩子们一定在警惕！

危险可能来自任何地方，并且是无处不在。

在这个实例中，孩子们首先要建造一座房子以避寒。后来开始下雨了，雨变成暴风雨。暴风雨伴随着闪电，这时需要帮助。暴风雨之后一条蛇试图爬进房子。注意这时在房子里孩子们是没有危险的，并非是鲁莽的行为引发了危险。更确切地讲，这里指的危险是孩子们遇到突发的情况。在儿童文化中，孩子们对危险的都十分关注，并当危险可能发生时，他们都会注意到这种危险。

因为在突发想象中，危险经常发生，而预先并没有预报。当危险来临时，孩子们必须准备应对它。他们的主要策略是不去直接面对面地应对危险，而是选择，并在"危险－营救"主题的第二阶段中将危险转移开。

在我们的例子中，有一次危险来临时，查尔斯立刻采取逃避行动。他将松鼠从房子里移走，因为想象和假装游戏中"闪电只击中最高的或较高的房子，因为最高的房子最容易击中。"查尔斯很快地重新思考了一下他的撤离计划。他判断房子在经历暴风雨和闪电之后一定会是安全的，因为房子是用钢材料建造的，闪电可以落到地面上。女孩子们同意他的观点，孩子们又将他们的动物放回到房子里，所以闪电"将不会击中它们。"

注意躲避危险是孩子们一起做的事。这个过程包括信息沟通与相互合作。在躲避危险的过程中，任何人都要沉着与小心，不要引发不必要的风险。所以看起来"危险－营救"有点是用词不当。孩子们并没有去营救另一个人，而是他们共同逃离危险。

第三个阶段包括认识已经离去或消失的危险。常常是危险的离去就像来时那样快，并且危险的消失如同它的到来一样对于孩子也是偶然发生的。危险来临，孩子们努力躲避危险。他们认识到危险的消失将带来轻松和愉快。

在我们的实例中，当动物安全地进入房子里，制造危险的行动也就结束。从房子里爬出来的蛇，可能是第二个危险源。虽然我们可能会问查尔斯为什么要引入蛇，蛇的出现是很正常的。蛇（这里没有用来模仿的玩具蛇）像其他的动物一样，可以进入房子躲避暴风雨。但是蛇本身就具威胁，所以蛇被移出房子。在暴风雨来临时，孩子们冒险在房子外面加固房子。在"房屋"还十分稳固的时候丽塔意识危险即将离去——因为"太阳将要出来了"，暴风雨正在减弱。查尔斯很快地同意了丽塔的看法，并宣布"暴风雨结束了"。这时，所有的孩子都共同庆祝危险的离去，他们一边将动物从房子里拿出来，一边喊着、欢呼着。

"丢失—找到"主题游戏

有两种类型的"丢失－找到"游戏。我观察的这种是游戏物体的丢失（有意识的或无意识的），然后紧跟着便是搜寻和发现丢失的物体。

约瑟夫、罗杰和丹尼（他们都是约3岁半的孩子）正在伯克利学前学校的教室外面的沙堆上玩。开始玩时，他们将一个玩具船深深地埋在了沙子里，然后他们在埋藏玩具船的上面堆起沙堆，开始轮流在沙堆顶部跳上跳下。孩子们突然蹲下来，丹尼说，"我们拍拍它，好吗？"

"好，"罗杰说，他和丹尼轻拍沙堆的顶部。

这时，约瑟夫也加入这个游戏中。罗杰对他说"要轻轻地拍沙堆的顶部。"

罗杰向丹尼和约瑟夫做了个手势，"等等，我知道怎么去拍。"随即他拿起一个铲子将沙堆顶部挖开。

"让我也挖一下，"丹尼说。

"好吧，"罗杰回答，随即他放下了铲子。

"我们应该这样挖，就可以有一个蛋糕了，"丹尼提出建议。于是，三个男孩开始用手挖。

"是的，蛋糕！"约瑟夫表示同意。

"蛋糕——，"罗杰想说。

这时，丹尼看到了船，并打断了罗杰的话，"我们看到船了——船！"

"船！这是我们的宝贝！"约瑟夫喊道。

当男孩们从沙子里拿出船时，丹尼不断地重复着："我们的宝贝！我们的宝贝！"后来他们又将船埋起来，再挖出来，游戏重复3～4遍，每当挖出船时，都伴随着孩子们愉悦的喊声。

孩子们在发现他们的宝贝时表现出了真诚的激动和喜悦，这种游戏在儿童文化中很重要。虽然藏匿并发现一个玩具船可能不会引起年龄大一点的孩子的激动心情，但重要的是这种游戏记录学龄前的孩子已经从皮亚杰的"感官驱动"成长到皮亚杰认为的具有认识发展的"初级想象和假设游戏的操作阶段"。皮亚杰认为生命开始的第一年、第二年大约正处于感官驱动阶段，当物体从触觉或视觉范围内离开后，孩子们便会认为这些物体不会再以相同的物理形式继续存在下去。例如，一个婴儿不会再去追滚动到椅子底下的球，因为他或她不认为球仍然存在于椅子下面。在皮亚杰定义的初期操作阶段中，孩子们认知了物体的不变——他们知道了当物体超出人们的直接感觉外，物体仍然保持着它本身的物理特性。他们看到和触到的物体不会消失，会神奇地再次出现。物体不变对于孩子而言是一个新的认知。反复重复地玩着藏匿和找到物体的游戏是孩子们神奇和自我意识（既：认识到他们有了新的技能）特征的表现。孩子们对物体消失后又能重现这种神奇行为和现象感到特别兴奋。

第二种"丢失－找到"游戏主题涉及孩子想象力的创造性。在游戏中，他们丢失了自己创造的东西。当孩子们找到不同的丢失物时，他们充满了兴奋和喜悦。然而，自己创作的东西的丢失的最初阶段，孩子们变得很紧张、很着急。让我们再看看以前我们讨论过的伯克利学前学校3个孩子在玩自我创作游戏的例子，他们是丽塔、查尔斯和利亚。

丽塔有三匹玩具马，并将它们拿到沙箱的另一头，在那里利亚和查尔斯已经将他们的动物埋进沙堆的家里。丽塔上上下下摆动着她的马，并喊着："帮帮我！帮帮我！我在森林中迷失方向了。"

"到这来，"查尔斯建议。

"到这里来，"利亚说。

"到这里来！到这里来！"查尔斯重复着。

"我不能，"丽塔叫着。"我迷路了。"

"好的，"查尔斯边说，边伸出他的手从丽塔的手里接过马，并将马放进沙堆里。

"我的朋友，他们会被烧坏的，"丽塔说着，她还在沙堆上晃动她的马。

"我很冷！真冷呀！"丽塔叫了起来，她在晃动第二匹马，并将这匹马推向沙堆。

"放在这里，"查尔斯说着，抓起这匹马，并将它往沙堆里放。

这时，丽塔拿起第三匹马尖声叫喊着，"我也快冻死了！我也快冻死了！"

"把它带到这儿来！"查尔斯命令道，他从丽塔手里接过第三匹马，并再次将马放进沙堆里。

"把它带到这儿来！"查尔斯再次说，他轻轻拍着沙堆顶部，所有的玩具动物都在下面。

"真暖和！"丽塔喊道。

孩子们创造的"丢失－找到"游戏加强了孩子们之间相互合作和支持。因此，自发创意游戏促进了孩子们语言和社会交往技能的发展，同时也增加了孩子们之间相互信任感。

孩子们自发的"丢失－找到"游戏的另一个更抽象的意义是孩子们表现出来他们在与丢弃和孤独所带来的潜在的恐惧作斗争。许多学龄前的孩子已经有了亲身的经历，即使是短暂的丢弃也给孩子们带来了很大的焦虑。如果孩子们没有亲身感受这种焦虑，他们会一直被家长警告这种危险，或通过媒体（童话故事和电影）间接体验这种经历。"丢失－找到"游戏和我们曾讨论过的"接近－避免"游戏有许多共同特征。在儿童文化的两个方面，孩子们能够分享和控制各种危险和恐惧以及对他们安全所构成的威胁。

"死亡—复活" 主题

"死亡－复活"主题由4个阶段组成：①宣告濒临死亡；②对宣告死亡的反应；③战胜死亡的策略；④复活与庆祝。

在一些案例中，宣告一个孩子濒临死亡会被忽视或怀疑；同时，在另一些案例中，却被非常重视，孩子们会上演一幕死亡和重生的游戏。让我们看看这两种类型的例子，我们再次看看伯克利学前学校的孩子们，丽塔、查尔斯和利亚玩的突发想象游戏。

孩子们创造一个情节：海啸来了，要摧毁他们的家。查尔斯假装他的玩具动物正漂浮在水面上，他说，"它们正在漂走。"

丽塔将她的玩具动物放在身边，并宣布，"我们要死了，救命呀！我们要死了！"

查尔斯和利亚没有理睬丽塔，查尔斯说，"水……"

丽塔打断查尔斯的话，再次喊道，"我们要死了！我们要死了！救救我们吧！"

"大水冲走我们的家，"查尔斯指着动物的家说。"它们必须走开……"

丽塔再次打断查尔斯的话："我们要死了！我们要死了！救救我们吧！"

"我们想把他们从水下送走，因为他们可以通过一个洞离开，"查尔斯说。

"我的羊是安全的，我的羊是安全的。"利亚说。

现在，丽塔推着她的玩具动物，放在旁边，再次喊道，"我们都快死了！救救我们吧！"

"我不能……"查尔斯开始说话，然后他改正自己说，"如果它们死了，你就不能说话了。"

"噢，对，利亚的动物快死的时候，它们在说话。"丽塔回应。"所以，当我的动物快死时，它们也必须说话。"然后，她低声说，"我要死了！救命呀！救命呀！我要死了！救救我！"

查尔斯说："烟囱来了！我们的烟囱来了！"他将一些动物放在沙堆顶部的最高处，假装成房屋的烟囱正伸出水面。

在这个故事情节中，查尔斯和利亚不理睬丽塔对她的动物死亡的宣告（动物显然是掉进了伴随海啸而来的洪水中）。可是丽塔坚持在喊救命，但查尔斯最终还是作出了消极的反应。他说丽塔玩的动物，"如果他们死了，就不能讲话"。丽塔说，利亚的动物死了的时候，动物还在讲话，然而，我在以前的游戏中几乎没有看到过这种情况。无论怎样，查尔斯和利亚一直不理睬丽塔，"死亡－复活"主题的游戏没法玩下去。遭到查尔斯拒绝后，丽塔改用小声地说而不是大喊地宣告，但仍然没能获得成功，这一点非常有趣儿。

很显然，查尔斯对丽塔宣告死亡的消极反应是故意的，但却并非是必然的。如果在游戏中严格遵守规定，"当你死了就不能再讲话"，那么，自己就无法宣布自己死亡。然而，在我观察到的其他突发想象游戏实例中，丽塔的错误并非是她宣布死亡，而是她反复要求帮助。这些反复的求助引起了作用，但在这个过程中，反复的求救也破坏了最初的举动，实际上这些动物已经死了。

下面的案例是丽塔、查尔斯和利亚一起玩的突发想象游戏的继续，它进一步解释和说明了"死亡－复活"主题游戏。

查尔斯将他的动物放置在沙堆旁边的沙箱底部，说，"小兔死了。"

利亚将她的动物放置在查尔斯旁边，也说，"小兔死了。"

"不，"查尔斯抗议说，"只有我的小兔死了。"随后他拾起利亚的小兔，又将小兔还给她。

"怎么了？"利亚问道，她一边晃动着小兔，一边将小兔竖立在查尔斯的小兔旁边，但小兔还是倒了。

查尔斯拾起小兔，让它站立在利亚的小兔旁边。

丽塔从沙堆上拿起她的马，将其放倒在沙箱另一头的边上。然后她宣布，"哎哟，我的马死了，我的马死了。"

查尔斯拿着他的小兔，单腿跳过来，在丽塔的小马旁边躺下，"跳！跳！跳！"他叫喊着。然后，他将他的小兔放到地上紧挨着丽塔的马。"如果我敲它，哪，哪，哪，它会活过来的。"

"哪！哪！哪！"利亚说，她也将她的兔子摔打着放在地上。

"如果我敲它，"查尔斯重复着，"它将活过来的。"于是他将小兔打到地上，紧挨着丽塔的马："哪！哪！哪！"

"你最好使劲敲那个铃铛，"丽塔说，指向一个已经挂在沙箱上的扩音器。"它将要复活了，它要开始了。"

"打什么？"查尔斯很疑惑地问。

丽塔再次指向扩音器，查尔斯和利亚转身去看。"使劲敲打那个铃铛。如果—如果你要让它们醒来，必须敲打那个假铃铛。"

"什么铃铛？"查尔斯仍然表示疑惑。

丽塔现在站起来，指着扩音器。"那个假铃铛，那个假铃铛，就是那个扩音器。"

"我没看见铃铛，"查尔斯说着，他还在寻找。

"那个扩音器，"丽塔指着它回答。

"噢，"查尔斯看着扩音器说。

"不，那个，"丽塔说，改变了她的主意。"这，这马。"丽塔拾起一个较大的马，握着它，这时候小点儿的马（死了）仍然躺在地上。

查尔斯拿起了马，并敲打着"嘿！嘿！嘿—嘿！"。

丽塔现在上下晃动着两匹马。"让马跑起来。喔！跳！喔！跳！"她愉快地呼喊着，重复了3遍以上。

这个游戏是以查尔斯宣布他的兔子死亡开始的，利亚模仿他的行为，查尔斯对利亚的模仿消极应对，意指只有他的兔子才可能死，因为他首先宣布了这个消息。利亚似乎并不理解，这时，丽塔说她的马死了。

尽管我不能肯定地确定孩子们的意图，似乎是查尔斯决定"放弃"他的动物死去的念头，来回应丽塔，他们继续玩着游戏。这里有趣的是丽塔不像以往那样，她只是宣布了死亡，但没有喊救命。这样，查尔斯确定了这个死亡，并提出一个主意让丽塔的马重生（死亡－复活游戏主题的第三个阶段）。在这个案例中，第三个阶段是相当长的过程，因为有一个关于怎样使马起死回生的辩论。查尔斯建议把它放在地上挨着丽塔马，而丽塔却要查尔斯用铃铛敲她的马。她指着可能当做铃铛的扩音器，因为扩音器可以清晰地传送声音。丽塔注意到它可能是"假的铃铛"。值得注意的是即使丽塔的马死了，她也还在说话。然而，在这儿想象的框架被暂时打破，随着丽塔谈论自己，并使用了舞台的语言"假装"让马复活。

当丽塔放弃将扩音器当做铃铛，并提供一匹大一点的马来帮助大家时，问题得到了解决。查尔斯帮忙让丽塔的马重获新生。她在大量的玩具物动身上写字做标志，她愉快地拿着她的马在周围跳跃，通过语言和行动左右着她的马，并不断地吆喝"喔！喔！"以至于查尔斯不得不听她的。

虽然孩子们的游戏证明他们认识了死亡，并谈论死亡，但很难推断他们对死亡的关注与忧虑的程度。孩子们的确思考过死亡的问题，孩子常常通过媒体得到有关疾病、垂死或死亡的信息（特别是通过电视、电影、神话故事）。事实上，玩具马起死回生的例子很类似神话故事中的死亡－复活题材以及迪斯尼电影，如"睡美人"和"白雪公主"。

在孩子们玩的突发想象游戏中，"死亡－复活"主题的作品能够使他们分享到对死亡的关注或畏惧。因此，这一主题很类似于突发想象游戏中个人的"丢失－找到"和"危险－营救"主题，也接近于"靠近－躲避"主题。孩子们对"死亡-复活"主题不太紧张，他们强调的主题是将死亡还给生命。在这种意识下，孩子们很喜欢"死亡-复活"主题：首先宣布主题，然后分享奇妙的结果所带来的快乐。

木偶演出和摇滚滑板

在我做观察的学前学校里，大多数突发想象均出现在沙堆游戏中或在玩小型搭建材料（如乐高）的时候。如前面所给出的例子，孩子们产生突发想象涉及他们游戏中所玩的物体或玩具（动物、汽车、太空船等）。然而在有些学校里，孩子们玩的是大一些的拼板游戏，像积木和厚木块。孩子们经常用这些玩具去搭建房子、太空船、隐蔽处等，并在这个过程中他们本能地创造想象游戏的主题。这种游戏不同于赋予玩具体生命，在这些游戏中孩子们扮演或刻画不同的性格，进行多种多样的和谐行动。这些活动的主题类似于戏剧中的角色扮演，这一点我们将会在下一章进行讨论。无论如何，孩子们能经常从生活中的一些角色因素来创作游戏，而且还颇具有创意，经常是现场突发想象，并编撰和扩展故事情节。

一次，在伯克利学前学校，一个叫丹尼尔的男孩想创作木偶戏。他耐心地劝说我和其他几个孩子当观众坐到小书架前的地毯上，并给我们每人两个小木块（一个是棒棒糖，另一个是我们要用它找到神奇座位的手电筒）。

"现在请坐下，演出快要开始了！"丹尼尔告诉我们。

然后他和一个叫汤米的男孩走到书架的后面，并且用锤子砰砰不断地击敲，假装为演出建造布景。大约敲了10分钟后，丹尼尔再次出现，并宣布演出马上就要开始了。

然后，有更多的击打声，同时观众开始减少了。这期间我和苏珊、希拉和克里斯多佛坐在那儿耐心地等待着。最后，丹尼尔和汤米推上来两把椅子放在书架后面，他们爬上去招呼我们注意，演出将要开始了。

相反，丹尼尔宣布，由于没有让汤米使用这把好锤子，"汤米将每件事都搞糟了。"所以，"木偶演出取消。"汤米不承认对他的指责，他开始推搡丹尼尔，两人都从椅子上摔了下来。汤米的腿受了伤，开始哭喊起来，一位老师跑过来帮忙。我留在原来的座位上，而其他的小朋友却跑开了，希拉将她的棒棒糖和手电筒扔在地板上，并断言道"真是个骗人的家伙！"

另一个例子，在印第安纳州布卢明顿的一个私立高级学前学校里，所有大约5岁的孩子都从储藏室里取出积木和木板在隔壁的游戏区开始搭建物体。最初孩子们用积木摆成一个方形，其后一个叫都格的男孩在两块积木的上端搭上一个木板。在没有商量的情况下，其他几个男孩安迪、斯科特、拉里、比尔和马克也将木板搭建成与一样的形状。

没多长时间，所有的木块都用木板覆盖上了，都格喊道："嗨！朋友们，我们搭了一个舞台！"

"是，"拉里回答，然后他和马克、比尔在舞台上演出，并开始绕着舞台跳起舞来。

这时，斯科特带着一块木板过来。他跳上舞台跳起舞来，弹着厚木板好像是在弹吉他。"嗨！"他喊道，"我们可以表演摇滚舞！"

"是，"都格说，"但是首先我们得安排座位。"

然后，男孩们带着几块积木过来将其放置在舞台前面。我坐到一个座位上等待演出的开始。

"我们需要帷幕和麦克风，"拉里说。

"好，这是戏幕，"比尔同意，这时他举起手将帷幕拉开，好像是将定量给料制作的帷幕装在了舞台上。

斯科特安迪这时假装在舞台上插上麦克风的连线，斯科特、拉里和安迪站在假的麦克风前表演吉他，声音像是电子吉他发出的。其间，比尔拉开假装的帷幕，并放进更多的积木到观众区，但仍然只有我一个人在观看。

"安静，"都格喊道。其他男孩停止了游戏，都格大声喊："欢迎观看我们的演出！"

我鼓掌，男孩们进入另一个音乐旋律之中。斯科特拿着一个木棒在舞台上跑来跑去，我猜测他一定是从电影或电视上学来的。

当乐队演奏的时候，比尔在舞台的后面堆了三块积木，并从积木顶部到舞台地板转动一块厚木板，然后他从厚木板上滑下来。

"嗨，"都格说，"这是摇滚滑板！"

所有的男孩子都停下他们手中的乐器，开始轮流滑滑板。他们撞到舞台的地板之后常常跳起了，抓住他们自己的吉他，弹奏一些新的爵士音乐，扔下吉他。返回到滑板那儿。

当他们从滑板上滑下来时，他们叫喊着，"喂！摇滚舞！"和"摇滚滑板。"

所有这些给我留下相当好的印象，我在记录本中摘要记录下大量的笔记。

前不久，男孩子们开始玩一些他们称之为"很酷的特技表演，"比如闭上眼睛爬着滑下等。随后拉里拿着他的吉他（厚木板）走向滑板，并坐在上面滑了下来。另一些男孩模仿拉里的特技表演。

后来，马克在舞台上在滑板的底部放置了一块厚木板和一块小积木。拉里往下滑，他的脚碰撞到小积木，积木飞上空中。孩子们对这个游戏显得异常兴奋，他们重复了多次。我感到有些危险，幸好一位老师走过来建议他们用一个充气的小兔玩具代替积木，我便放心了。男孩子们愉快地接受了老师的建议。

可是，不久他们重新用另一块积木换下小兔。然后他们定下个游戏规则，不能将积木踢得太远，如果谁将滑板玩翻了（这种情况经常发生），谁就必须把它弄好以便下一个孩子继续玩。这些规则只被孩子们遵守了一小会儿，之后都格和马克再次将积木踢得很远。

"你可以在游戏中骗人，"马克说。

安迪不赞成，威胁要告诉老师。但马克反对说，"这只是游戏，如果我们想这样做，就可以骗人。"

在男孩们玩的过程中，一个叫玛丽的女孩来到了舞台，她将双脚站在两块散落在旁边的厚木板上假装滑雪。男孩子们大笑起来，一些男孩模仿她，玛丽很快便离开了。

正在这时，斯科特在下滑时弄伤了手指，他走过去给比尔看他的伤。比尔一直在转箱子（椅子），玩吉他，并没玩滑板。

"我看你真的受伤了，"比尔安慰斯科特。

斯科特用力曝了一下伤口，忍着没哭，显得很坚强。他又去玩摇滚滑板了，滑了很多次。

最后，老师用开灯关灯给出信号，告诉孩子们该到"做扫除的时间"了。这时，孩子们将积木和木板放回到存放区。我拾起一块木板，模仿艾里克·克莱普顿（Eric Clapton，英国著名吉他歌手——译者注）弹吉他的样子，但没有人注意。我真想去滑摇滚滑板，但我年龄太大了。

第五章 "当我和你都长大后，我们愿意当老板"

· · · · · · · · · · · · · · · ·

儿童文化中的角色扮演

吉恩和卡伦是两个 5 岁的女孩，她们在吉恩的家里假装举办茶会。吉恩的妈妈告诉她们在玩游戏期间，她们可以在 3 种饼干中选择一种。女孩子们可以每种吃 3 块，其余两种饼干要放在盘子里。

吉恩说，"当妈妈出去的时候，让我们一起玩吧，好吗？把这两块饼干拿开，妈妈不想让我们吃，我们假装一会吃，好吗？"

"噢，"卡伦低声说。"好，可是我不是家里的老板，妈妈在家是老板。"

"是，"吉恩说。

"我们孩子都不是老板，"卡伦摇着头宣布。

"很久以前……"吉恩断了一下，然后她接着说："当我长大，你也长大的以后，我们就可以当老板！"

在吉恩和卡伦玩这种社会戏剧角色游戏过程中，孩子们互相假扮某些他们现实生活中经历过的角色（如家庭或职业角色以及日常活动中的各种角色）。可以看出，孩子们的想象游戏来自于孩子们的真实生活，这一点是十分明显的。同样，想象游戏源于我们在第四章中看到的孩子们所编造的故事。儿童问题专家对于儿童的交往与情感发展方面的戏剧角色游戏的重要性长期以来存在着争议。像大多数的成年人一样，这些研究人员常常地将儿童角色游戏视为儿童对成年人原型的直接模仿。然而孩子们并不是在他们的角色游戏中简单地模仿成人原型，而是不断地精心创作和修改成年人的原型，增加孩子们自己所关注的内容。

孩子们对于成人原型的模仿和改变主要体现在身份、权力和控制欲方面。当他们充当成年人角色时，孩子们被授予和成年人相等的权力。他们运用虚构故事中的特权为戏剧性的情节设计未来——在一段时期内，他们要做主管，并控制自己和其他人。

角色游戏还允许孩子们扮演社会上形形色色的人，体验他们之间的不同以及他们的相互关系。对于孩子来说，最重要的是男孩、女孩应该如何装扮性别角色和他们所希望做的事情，因为在社会中性别是一成不变的。性别角色的定位已经被成年人反复灌输给了孩子，而且这种角色定位已经在儿童与成人的交往中被社会化地烙印在孩子们的心中。

"在后院抓住你的两只猫"：角色游戏和社会权力

孩子们在2岁时便开始玩角色游戏，而且大多数2~5岁的孩子所进行的角色游戏与权力有关。在我的专题研究中，最感兴趣的一点是游戏中他们对语言的使用，参与游戏的有一对兄弟和一对姐妹、克瑞斯特和马雅，以及男孩巴迪。在游戏中，马雅（4岁，学前班）和两个男孩（两个都差不多两岁半，他们都没有学前班的经历）开始做角色游戏，这时，马雅建议我们扮演老师。克瑞斯特要当老师，并将一把椅子推到房间的黑板前。马雅、巴迪和我坐在地板上当学生。

克瑞斯特拿起粉笔说，"跟着我写这个！"，他画了几条线。

"那不是字母，而是几根线！"我开玩笑地说。

"他不可能写这么好，"马雅告诉我，有点生气。"假装它们就是字母。"

但克瑞斯特不允许他的权威受到挑战。他向我喊道，"比尔，你真坏！你现在必须坐到右边的角落去！"克瑞斯特指着房间的一角，他拿给我一张纸并要我到那边坐着。巴迪和马雅开始笑起来，克瑞斯特给出了更多的命令，让我们写这个或写那个，并且还要求马雅、巴迪和我将我们所做的都向他汇报。

在这个例子中，我们可以看到一个较小的孩子，他虽然还没上学前班，但是他知道老师有权威，老师可以教孩子做什么，并让不听话的孩子坐角落去。克瑞斯特是从马雅那儿知道这些的吗？很有可能，但不可能是马雅自己在学前学校的亲身经历。他的父亲向我保证马雅在学校里从没有被要求坐到角落里去过。孩子们也许是从电视节目中知道的，如卡通片里，或当孩子在学前学校表现不好时，成人要惩罚孩子，要求他们坐到角落里去。克瑞斯特从哪儿得到这些知识并不重要，重要的是他想要表现出成人的权力或不寻常的角色（也就是说，一个最有权力或权威的角色），在这种情况下，小孩子们很少能发现他们自己。

在社会题材的游戏中，孩子们喜爱拥有权力和显示权力，这很有趣。这是一个来自我在伯克利期间研究的较为复杂的角色游戏的例子，孩子们（大约都是4岁）很明显地表现出拥有权力和控制力，无论是重要的角色，还是从属的角色以及平等地位的角色，但当涉及角色的性别时，有时会变得有些模糊不清。

一个叫比尔的男孩和一个叫丽塔的女孩带着皮包和箱子进入楼上的儿童游戏室。在他们上楼之前已讲好一个扮演丈夫，一个扮演妻子。他们一边将皮包和衣箱放到地板上，一边看着楼下正在做游戏的孩子们。他们看见了两个男孩，查尔斯和丹尼，正在周围缓慢地爬行，一边喵喵地叫着，像一只猫。

"嗨，这是我们的小猫，"比尔说。

丽塔回答，"是呀，他们在楼下的后院里。"

这种简单交流的兴趣所在是它们能持续多久。在这次对话之前，他们一直没有说过小猫，丽塔和比尔也没有跟那两个男孩说过话。然而，比尔和丽塔已经假想那两个男孩子将要上楼，这正是他们所希望的。他们把那两个男孩想象成猫，在楼下后院玩。这时我们明白了许多角色游戏，正如我们第四章中看到的突发想象游戏一样，都是即兴创作的。

现在比尔和丽塔要往房子里放东西。他们从床上拾起一件毛毯，将皮包和衣箱放在床前面的地板上。然后比尔将婴儿小床横向靠在大床的前面，将房间挤出一些空地。

"这是我们的专用房间，对吗?"比尔问。

"是呀。"丽塔回答。

这时，丹尼和查尔斯已经爬上楼梯进入了游戏室，丹尼打断了比尔的话："我们是猫家庭。"他们开始在房间里爬来爬去，学猫叫。

"小猫在这儿，小猫在这儿，"丽塔说着伸手去抚爱它们。"是的，这是我们的两只小猫，"她对比尔宣称。

"小猫，你不能进入这个房间!"比尔坚决地命令道。但是其中的一只小猫，查尔斯扮演的，却立刻爬进房间并上了床。这时候另一只小猫（丹尼扮的）将桌子上的盘子弄到了地板上。

"不! 不!"比尔喊道。然后他发出嘘声将小猫赶到楼梯处。"出去! 下楼到后院去!"

丽塔过来帮助比尔，也喊起来："两只小猫快下楼到后院去! 快去! 快去! 快去呀!"

"小猫头转向楼梯，查尔斯开始往下爬，但是丹尼停在楼梯口，他说，"不，我是小猫。我是小猫。"看起来他要待在那里。然而"丈夫"和"妻子"坚持让他走开。

"到后院里去!"比尔命令道。

"你们到后院去呀！"丽塔大声叫喊，她用手推着还待在这儿不动的小猫（丹尼）。

现在丹尼放弃了自己的主张，也下楼去了。

比尔往下看那两只小猫，对小猫说，"快到后院去，我们很忙！"

"他们对我们太粗暴了。"丽塔说。

在这个情节里我们看到"丈夫"和"妻子"清楚地表达对小猫的权力，他们通过命令控制小猫，借助于加强语气，附着手势来传递他们的权威。事实上，在许多角色游戏中，从属的（幼儿或宠物）角色经常行为不当，他们总是去做被告之他们不能做的事情。在这个过程中，命令的词语出现在语言结构中，正如我们看到的一样，很清楚孩子们要显示权力，并要求执行权利。这似乎是孩子们想要做的。他们在情感上想要制造和享受成年人拥有的权利和控制欲。

在小猫离开之后，"丈夫"和"妻子"决定清理房间。按照性别角色的习惯，比尔在搬动家具，而他的"妻子"丽塔在清扫地板。

比尔搬起桌子说："小心点。我要挪一下桌子。"

"你是个能干的人，"丽塔哼着。

"接着做下一项，"比尔说着，他将炉子推到门旁边，又将桌子挨着它。

"比尔？比尔？"丽塔叫他。

"怎么啦？"

"你是个强壮的人，"丽塔赞扬他。

"谢谢。我刚挪完这个，"比尔指着桌子说。

在游戏中，孩子扮演的角色与人们性别习惯担当的角色一致（即丈夫很强壮，他在搬家具，而妻子在做扫除），并在语言上也相呼应（例如，丽塔评价比尔是一个能干和强壮的人）。

当丽塔假装擦地板时，"小猫们"回来了。比尔试图挡开它们，可是"小猫们"来了一个急转弯，跑到刚擦过的地板上。比尔又企图轰着小猫们到楼梯上。

"小猫，快出去！出去！嘘！嘘！"

丽塔停止了清扫去帮她的"丈夫"。"快出去，嘘！嘘！"她叫着。

查尔斯爬回到楼下，但是丹尼仍然原地不动，并站起来宣布："我不——我不再是小猫了。"

"你想要当一位丈夫吗？"比尔问。

"对，"丹尼表示同意。

"好。我们需要两个丈夫。"比尔说。

现在，比尔叫丽塔，她好像没有听到刚才的对话。"嗨，两个丈夫。"

丽塔不高兴这种变化，她提出了另一个方案："我不能有两个丈夫，因为我只有一个奶奶。"

"好，那么我，我要当丈夫，"丹尼说。

"是的，丈夫！丈夫！"丹尼和比尔边说边围着房间唱起来。

"停止，比尔，"丽塔说。"我不能有两个丈夫。"

丽塔举起两个手指，并摇动着她的头。"不能两个，不能两个。"然后她走下楼梯。这时候比尔和丹尼继续在楼上跳唱着："两个丈夫！两个丈夫！"

丽塔摇着头走到楼下的游戏室。当比尔和丹尼下来了时，她正好停在楼梯附近。丽塔说，"我不能和他们结婚，两个丈夫，我不能有两个丈夫，因为我爱他们。"

比尔对丽塔说，"是呀，我们能。"然后，他转向丹尼说，"我们要和我们自己结婚，对吗？"

"对，"丹尼回答。

然后两个男孩回到楼上，继续反复地喊着："丈夫们！"他们绕着圈跳舞，并跳上床，但是他们的动作很不协调。他们都不太清楚，在没有妻子的情况下，两个丈夫做什么。后来，丽塔上楼了，她说她是一只小猫。两个丈夫很惊讶她要来抓它们，并把她赶到楼下去了。一会儿，老师宣布"扫除时间"到了，角色游戏因此结束。

在这个情景中，特别是对于丽塔来说，当丹尼决定他不再当小猫时，角色游戏遇到了点困难。也许是丹尼被赶下楼梯后产生了厌倦。无论如何，比尔建议丹尼也当丈夫时，丹尼接受了这个提议。比尔甚至说，"好。我们需要两个丈夫。"我们不清楚为什么比尔要提出这样的建议。很可能是因为丹尼是一个男孩，男人只能做丈夫，比尔想丹尼将和他一样当丈夫。

但是丽塔并不是这样想的，她发现了一个非常规的问题：一个妻子有两个丈夫。当男孩们在周围跳舞，并庆祝有两个丈夫的时候，丽塔对此进行了争辩。她不能占有或拥有两个丈夫，不能和两个丈夫相爱或结婚。她知道这种关系是错的（至少在她所生活的文化里，成年人之间如果是这样就错了）。这与她已有的知识有关：她知道丈夫和妻子不仅只是性别不同，而且相互保持一种特殊的关系。妻子与丈夫彼此相爱，走进婚姻殿堂。她知道她与比尔的关系是装扮的，但是，她又如何处理与丹尼的关系呢？

她似乎提出了奶奶这个角色。"我不能有两个丈夫，因为我只有一个奶奶。"但是她的言辞让人糊涂，提出奶奶是个性别的错误，也许爷爷更适合。男孩们在当两个丈夫时显得十分高兴——比尔甚至建议他们自己结婚，但是没有这样的结婚仪式，丽塔对提出这种问题很不舒服，这一点很有趣。丽塔终于解决了这个问题，她变成了一只小猫，游戏继续进行。无论如何，丽塔认识到了角色关系的复杂性。按皮亚杰的观点，丽塔对于社会的认识存在不稳定性，但她努力去弥补。于是，我们可以看到角色游戏是有趣的，临时发挥性强，具有不可预知性，并且孩子们通过反思和学习会成熟起来。

"不要提拉米苏"：在角色游戏中的片段

和我前面所提到的角色游戏使孩子们更多地了解特殊的社会知识，也需要孩子们理解内容与行为之间的关系。作为人类学家，葛雷格里·贝特森（Gregory Bateson）指出，当孩子扮演一个角色时，她或他不仅认识到与这个角色的特殊社会地位，而且"也知道与这个角色相关的知识"。依照贝特森的主张，孩子"获得新的观点，需要灵活性与严肃性"，并且认识到"风格上的灵活性和角色的选择与行为框架及内容相关"这些事实。

孩子们对游戏具有创新动力是儿童文化的一个重要元素。他们在角色游戏中充分运用这种创新动力，这与贝特森和社会学家尔文宁·古夫曼（Erving Goffman）所持的观点相一致。让我们看看一些实例。

在博洛尼亚，一个叫伊米莉亚的女孩与她的两个朋友建了一家"冰激凌商店"。我正跟3个男孩（阿尔伯特、阿勒斯奥和斯特法诺）一起玩时，伊米莉亚走过来。我手里拿着一个麦克风，因为我正在录制游戏。

"比尔，你来看我们的商店吗？"

"现在不行，因为……啊，我正在做这个……"我勉强地回答，我不敢肯定我所说的意大利语是否能让人听懂。

"麦克风，"她用意大利语把我要说的话说完了。

"是的，我不能，啊……"我说，我拽了拽麦克风的连线，线不够接到她的商店。"你可以给我冰激凌吗？"我试着对她说，但是我的语法不对，她听不懂。

"什么？"

"拿冰……"我不假思索地脱口说出，但却用错了词，"带"和"拿"搞混了。后来我很快就做了更正。"给我带点冰激凌，给我的。"

"好吧。但是我还是不得不……"她首先说。

"巧克力和……啊，巧克力和香……香草，"我说。我更早地注意到伊米莉亚和她的朋友正在用泥土制作巧克力冰激凌，用沙子当奶油或香草。

"是，"她说，"但是我一定要建起这个店。我们必须制作些香草。"

"是啊，那太好了。"

"我给你一些香草的，"她继续着，"还有草莓的。这里还有……我将告诉你所有的风味。"

"好吧，"我说。

伊米莉亚数着每一种风味的冰激凌，她先伸出大拇指，然后是再伸出其他手指。"嗯，草莓，巧克力，香草。"

"柠檬?"斯特法诺问。

"不，没有。"伊米莉亚告诉他。

我说，"我喜欢，嗯，香草和草莓口味的。"

"好。"

"这是给斯特法诺的，"我说，"是香草的。"

但是斯特法诺想自己买。"给我草莓和香蕉的。"

伊米莉亚列出了各种风味的冰激凌，她很失望没有他们要的。

"没有香蕉味的!"她坚持着。这毕竟是一家很小的冰激凌店，没有那么多口味的冰激凌，因为女孩们正在试图用泥土和沙子做成巧克力和香草口味的冰激凌，或许还将树叶当做开心果冰激凌。我不能确信她们用什么做草莓味的冰激凌。

"柠檬味，"斯特法诺说，他完全知道这里没有。

"这里没有!"伊米莉亚回答。

"没有柠檬味的，"斯特法诺说。

"巧克力味的，"斯特法诺终于同意要巧克力口味的冰激凌。

"巧克力味的，"伊米莉亚又重复了一遍，这时她走向商店去取冰激凌。

然而，阿尔伯特现在也要买一份："喂，喂，给我一份英式甜羹——奶油开心果冰激凌!"

阿尔伯特要的英式甜羹是一种不常见的英国餐后的冰激凌甜点，所以让人觉得有点奇怪，以致使斯特法诺、伊米莉亚，莱西欧和我都忍不住笑了起来。伊米莉亚刚完成了与斯特法诺的"生意"，他想要柠檬味的。

"英式甜羹，"斯特法诺和我边说边笑起来。

"他们没有这种口味的，"我告诉阿尔伯特。

伊米莉亚回过来对阿尔伯特说："这里没有英式甜羹，这里也没有开心果冰激凌!"

"好吧，那我就要香蕉口味的吧，"阿尔伯特说。

此刻爆发出一阵大笑。

"没有香蕉口味的!"伊米莉亚笑着说。

"好吧，那么，我要这里有的，无论哪种都可以，巧克力味的吧。"阿尔伯特最后同意要巧克力的。

"这里有巧克力的。这里有香草巧克力的，草莓的，也许还有开心果冰激凌。"

"橙汁汽水呢?"阿尔伯特问。

"好，我去看看，"伊米莉亚说，她回到她的冰激凌店。

在这个例子中，首先，伊米莉亚要处于特定的环境中，假装开一个卖多种口味的冰激凌的小店，各种口味的冰激凌则用游乐场上有特色的东西代替，如泥土，沙子，树叶等。虽然我的意大利语不好，在购买东西时遇到了一些麻烦，然而我还是参与并认可了这个特定的环境，是主动参加，我知道伊米莉亚是有"巧克力"风味的。但是，开始是斯特法诺，后来阿尔伯特或多或少地都说过:"这有趣吗?"他们故意订购店里没有的冰激凌口味来延长这个游戏。于是，整个角色扮演游戏变成了"在游戏中玩"。

当伊米莉亚要离开时，阿尔伯特冲着她喊要英式甜羹冰激凌时，事情的转换是明显的。这时我恰好意识到将要发生什么样的情况，于是我也加入了与其他男孩子一起嘲笑阿尔伯特这一举动。伊米莉亚假装很愿意卖给阿尔伯特冰激凌，但她还是没有满足阿尔伯特的要求，她说:"没有英式甜羹冰激凌。"然而，阿尔伯特要求换成香蕉口味的! 后来，伊米莉亚让步了，她说这里应该有一些开心果冰激凌，并答应帮他看看有没有橙汁汽水。

我的意大利同事和朋友们都喜爱听这个关于英式甜羹冰激凌的故事，孩子们的表演具有很高的创造性。有一次，当我和朋友一起吃饭的时候，我给他们讲这个故事，这时餐厅服务员正推着装有甜点的小车走过来，我在结束故事时说;"……这时，伊米莉亚说;'没有英式甜羹冰激凌'。"让朋友好笑的是，餐厅服务员指着小车上一大碗甜点，回答说:"我们有英式甜羹冰激凌。"

另外，孩子们经常玩的角色扮演游戏带给我们性别问题。正像我们在前面看到的"两个丈夫"的例子，丽塔在游戏中扮演妻子，她不愿意继续伸展这个游戏让她成为两个丈夫的妻子。最终，她扮演小猫的角色，丈夫可以指挥她。然而，游戏的情节是短暂的，因为丈夫们除了转圈跳舞外，似乎不知道相互该做什么。

虽然我曾看到过女孩子有时会在"社会－戏剧"游戏中扮演男人的角色，但是男孩子却总是拒绝扮演女人的角色。在伯克利学前学校有一个例子，两个5岁的男孩，格雷厄姆和彼得走进了楼上的游戏室，坐在一张桌子旁边。

"你当妈妈，我当爸爸，"格雷厄姆说。

"不，妈妈是女的，"彼得回答。

这时男孩们彼此相互看着，沉默了很长一段时间。

"好吧，我知道了。"格雷厄姆说，"我当爸爸，你当叔叔吧。"

"好的，"彼得说。

又是一段长时间的沉默，男孩们在思考爸爸和叔叔要做什么。终于，彼得往桌子下面看并发现了圆形的木盖，盖着一个金属废纸桶。

"嗨，看！一个垃圾桶。"

"让我们把它翻过来，"格雷厄姆提议。

男孩们钻到桌子底下，格雷厄姆摸到了垃圾桶。然后，彼得推着格雷厄姆在游戏室转，"呜！呜！"我们一个是爸爸，一个是叔叔，我们在午后驾车外出游玩。

儿童文化中的人类学研究记录了年龄大一些的学龄前儿童经常扩展传统的"社会－戏剧"游戏。例如，心理学家史蒂文·凯恩（Steven Kane）发现，像扮演家庭或职业角色这样传统的"社会－戏剧"游戏在4~5岁孩子中在逐渐减少，他研究这种现象为期一年。传统的角色游戏被凯恩命名的"幻想角色游戏"所代替，这主要是动物家族或想象的人物，像皇家和骑士。

我曾作过研究，年龄大一点的孩子（5岁和6岁的）经常玩动物家庭游戏。在游戏中，孩子们扮演野性、好斗的动物。幼小的动物有更多的行动自由，比人类家庭角色游戏更具有侵略性。进一步说，动物妈妈对于她们的孩子约束更少，但她们更喜欢得到自然惩罚。在意大利莫德那，我研究中发现5~6岁大的孩子很少玩传统家庭角色游戏。相反，他们常常玩的游戏是，一群男孩和女孩假装扮成幼小的狗或略大一点的狗或狮子，他们围着学校相互吼叫碰撞，而其他的孩子在一旁玩。让我们看看这个选自我笔记中的典型例子。

几个孩子（维拉若、安格罗、维维安、卡罗塔、丹尼尔和露西诺）正假装成狗在教室的一个角落进进出出，教室的一角圈起来用作他们的房子或说是洞穴。他们彼此咆哮着，抓挠着，向不参加这个游戏的孩子们吼叫。费得瑞卡扮成狗妈妈，一个严格执行纪律的人。她拍着孩子们，叫喊："够了！"当老师和家长认为事态严重时，他们经常会说这样的话。

虽然有些狗（露西诺、安格罗和卡罗塔扮演）表现良好，要求他们做什么就做什么，并按时睡觉，但有些狗表现就不那么好了。例如，丹尼尔看不起费得瑞卡，甚至还去抓挠她。维拉若和维维安很不顺从，经常制造麻烦。费得瑞卡大声地对他们喊叫，当他们退缩到洞穴的一角时，还猛烈地相互抓挠。游戏是如此的逼真以致我怀疑费得瑞卡、维拉若和维维安是否真生气了。

维拉若和维维安大声地呜咽着，这时候费得瑞卡脸涨得通红，疲惫地坐在椅子上，对不听话的孩子们非常生气。我再次感到很难控制游戏，孩子们真的是相互生气了吗？

"他们疯了吗？"我问索妮亚，她正在桌子上画着什么，没有在游戏中扮演角色。

索妮亚嘲笑我提出的问题，按照她的同伴文化的标准来衡量，我的担心证明了我很愚蠢。

"这些小狗很坏，费得瑞卡有点严厉。"她一边继续画她的画，一边对我说。

我知道老师们意识到了这个大声喧闹的游戏，但并没有提出意见，也没有对孩子们做任何表示，看起来生气的孩子没有到老师那儿去告状或要求老师帮助。当老师向孩子们宣布午餐时间到了的时候，维维安似乎对我还有点生气。但是，她接受了我的拥抱，笑着对我说她没事的。

动物家族传统角色游戏的演化往往有较强的进攻性和感性色彩。在这一点上，假装与真实之间的界限对于这些幼小的孩子来说变得模糊不清，我可以断定，至少变得相互颠倒。然而，我所担心的是孩子们短暂的忧伤并不被老师或未参加游戏的孩子们，甚至他们自己所分享。

对于孩子们来说，动物家族角色游戏并不仅仅是一套好玩的游戏，而是普通家庭游戏的延伸和扩展。游戏让孩子们享有更多的控制权，他们可以将游戏与儿童文化的关注点和价值观充分联系起来。例如，幼小的动物更喜欢自由，比幼小的孩子更具有攻击性。动物妈妈也比人妈妈从身体上或声音上更显露出好斗的特征。同时，无论怎样这种游戏的发展是不可预知，更具冒险性，所扮演的受侵犯和受伤害与现实生活非常相像。正是这种更具冒险性使得这种传统角色游戏非常吸引孩子去玩。在这儿，我们可以看到角色游戏的感情因素，这一因素很容易在这种游戏的传统认知发展阶段被忽略。孩子们扮演父母，并在所扮演的角色中探索他们自己的感情反应。此外，男孩和女孩都在探测个人的和社会强势性的限度，我们再次认识到这种游戏并非是儿童文化中的一种简单游戏。

冰激凌店和电话交谈：角色游戏中的社会再现

当我们拿儿童角色游戏与社会不同的人群来比较时，我们发现孩子们在游戏中扮演的角色常常比成年人亲眼见到的要多，这一点很明显。一些儿童问题研究人员争论说，较低社会阶层的孩子缺乏想象力和角色扮演技巧，需要参加培训来发展他们的能力从而参加这样的游戏。头脑领先计划是在美国专为在经济上处于劣势家庭的学龄前儿童而设立的一个补偿性项目，它基于这样的一种观点——帮助那些游戏技能和语言能力缺失的孩子。因此，人们认为经济处于劣势家庭的孩子需要头脑领先，以便在上小学之前赶上中等阶层和上等阶层家庭的孩子。另一些研究者一直在挑战这种"缺失模式"，他们认为较低阶层家庭孩子的语言能力和游戏技能很可能在许多方面不同于那些中等阶层家庭的孩子，但并非是能力缺失。

在我们从事研究的头脑领先计划中，在我与少数民族的孩子们接触中，我发现孩子们在角色游戏中运用语言具有较高的创造性，并且在相互沟通和认知能力上也都有较高的创造能力。然而，这的确不同于我所研究的中、高层家庭的孩子，他们更现实，并更接近于成人的行为模式。

迄今为止，在讨论儿童角色游戏中，我们一直在考虑游戏将告诉我们什么呢，这涉及儿童地位、权利、角色配合和性别期待等多方面的知识。我们也已经看到孩子们是如何玩的，是如何发展角色游戏或是如何"在游戏中玩"。在这种情形下，孩子们能更多地控制他们的游戏，并关注他们的文化，从中得到乐趣。

孩子们感觉角色游戏很有趣，当他们玩的时候，他们创造出成人那样的想象力，并且反映出他们在成人世界的地位，勾画他们长大以后的未来。因此，在角色游戏中，孩子们将现实游戏中的角色与成人世界不断发展的概念联系起来。这种结合能够使孩子们欣赏到成人文化的不同方面；同时，他们还利用、精炼并补充成人文化。通过这样的经历，孩子们扩展了他们自己的文化并对成人文化产生影响。这是一个过程，我们将它视为"解释性再创作"（通过孩子们在他们自己文化领域里的活动对成人社会产生影响）。通过对中上层家庭的孩子所玩的角色游戏与经济较差的家庭孩子的角色游戏相比较，可以帮助我们理解孩子的"解释性再创作"。

涉及第一章中我曾谈论过的研究场所，我还在两个私立学校，一家非营利性的学前学校以及在印第安纳州布卢明顿头脑领先计划中，观察孩子们很长一段时间。让我们将布卢明顿的一所私立学前学校（我们称之为大学学前学校）孩子们的角色游戏与印第安纳波利斯头脑领先中心的孩子们的角色游戏相比较。

这所大学学前学校的孩子们最初经常玩社会题材游戏，选择扮演家庭和职业中的不同角色。在下列的例子中，几个孩子正在"做事情"，他们站在学校院子外面的沙堆旁。这时，一个孩子说起了冰激凌，然后4个孩子（安娜，琳达，汤姆和鲁思，都是大约5岁的孩子）决定他们是冰激凌店的老板。我拿着麦克风坐在一旁，我们正在录制这个游戏。当鲁思加入这个游戏时，我们开始录像。

"嗨，我听说你们正在做冰激凌，"鲁思说。

"我们正在做彩虹冰激凌，"琳达回答。

"噢，彩虹冰激凌，"鲁思说。

"太好了，"我在一旁插话。

"我正在做可笑的麒麟彩虹冰激凌，"安娜说。

在这个例子中，我看到孩子们在对准备制作的冰激凌这一游戏达成共识之后，他们就会很快将这个活动与他们的文化联系接起来。他们要做冰激凌，并创造出一种与他们玩具（彩虹麒麟）有联系的风味，许多女孩都拥有这个玩具。

"我知道——我知道你可能是，"琳达提议。 "嗯，我知道——我——你——安娜——安娜，你和我，还有汤姆和鲁思，我们全都是这个冰激凌店的主人，他应该是顾客。"

"我是顾客，"我同意。

"比尔是顾客，"琳达确认。

"好的，"我说，"我要买很多。"

"要什么?"琳达问。

"我要 3 个巧克力冰激凌蛋塔，1 夸脱彩虹冰激凌，2 品脱香草的。"

"哎哟，那可是一大堆工作呀，"琳达说。"你需要等很长时间的。"

"但是我很急，"我坚持道。

"现在，我们只有巧克力冰激凌，"安娜说。"我们没有……"

琳达现在伸手给我一个装满沙子的容器，"这是彩虹冰激凌。"

"好，"我说着便坐到沙箱的边沿上。

"上面还有一个樱桃!"琳达补充说。

汤姆这时说，"你必须做出冰激凌……"可是他的话被鲁思打断。

"还需要让我们等很长时间。"

"是，"琳达肯定。"因为我们不能一次做出那么多。"

"对，"安娜说。

"是呀，"鲁思补充道。"即使我们都能做冰激凌。我怎样将冰激凌放进去，你能将它带走，对吗?"

"不，"安娜说。"让我拿些巧克力冰激凌。让我看看……"

"冰激凌还没有化，"鲁思指着购买的冰激凌说。

"它们没有化吗?"我问。

"没有，"琳达说，"你要知道……这是一种特殊的冰激凌，即使在阳光下长时间也不会化。"

在这个例子里，阶层背景在孩子们在确定他们自己的角色时，起到非常重要的作用。在游戏中他们可扮演店主或雇员，也就是老板或工人。但当店主一被确定下来，孩子们就开始购买冰激凌。然而，正如在角色游戏中常常发生的情况一样，这些游戏存在着从成人文化到儿童文化观念的来回转换。例如，孩子们在扮演店主，并一起制作冰激凌，孩子们通过神奇的想象超越了现实生活中冰激凌可融化的问题（它需要时间来制作这么多的冰激凌，并且外面很热）。他们制作的冰激凌是很特别的，不会融化，"即使它在阳光下也可放很长时间"。后来，在这个游戏中，我问孩子们我买这些冰激凌需要多少钱。

"嗯，3美元，"汤姆说。

"对，3美元，"鲁思同意。

"对，3美元，"琳达回应道。

"谁收钱?"我问。

我开始数钱："1……"

"现在我想起来了，想起来了，"琳达说，"钱应该给医院。"

"是，"琳达说。

"钱能做什么呢?"我问。

"嗯，"琳达表示同意。

"是慈善吗?"我问。我仍然不能确信她有什么提议。

"帮助儿童，"琳达说。

"帮助在医院的孩子吗?"我问。

"是，"琳达回答。

虽然琳达暗示把钱给医院的决定是早先就作出的（"现在记起来了……"），但起初在这个游戏中并没有对这个提议进行讨论。事实上，在这个游戏中，琳达通过巧妙地运用语言技能临时作出了这样的选择。她要求我们大家都去思考和回想起以前店主们同意将出售冰激凌的钱给医院用于帮助生病的儿童。

这里有几件事情值得注意。第一，正如孩子们将自己确定为店主一样，孩子们决定为生病的儿童捐款肯定也与孩子各自家庭中他们的经历有关。假如孩子们来自中上阶层家庭，他们很可能会产生参加慈善活动的想法。第二，虽然琳达首先提出这一想法，并与我谈及此事，但是正像我们看到的，后来鲁思和安娜也提出了这个建议，并补充了这个想法。最后，我们看到，儿童的世界观和语言的发展与成人不同。我使用了"慈善"这个词，而孩子们谈论的是"帮助儿童"。让我们再看看角色游戏最后一个例子。

"这是你的圆桶冰激凌，"琳达边说，边递给我一个盛满沙子的塑料漏斗。然后她很正式地我说："你要在这里待上一天一夜，不停地吃东西，因为我们要不停地工作。"

"你们一天工作 24 个小时?"

"是,我们整天工作!"琳达说。

"是,"鲁思补充道,"我们从不停止工作。"

"你们从不休息吗?"我问。

"不,我们不愿意休息,"琳达说。

"我们不得不一直工作,"安娜又说。

"不停地工作,因为我们要捐很多钱给医院,帮助那里的孩子。"鲁思说。

"对,"我说。"我忘记了这个。"

"是,我说过这钱要给医院,"琳达提醒我。

"是生病的孩子吗?"我问。

"是,"琳达回答。

"是的,"鲁思说,"但所有的捐款要给生病的孩子,因为你可以看到这些生病的孩子没有足够的钱,他们要向医院交很多的钱!"

"我正在做一些饮料,"安娜说。

"他们不得不用他们的钱去支付医院的账单?"我问鲁思。

"是的,"她回答。"所以我们要将钱送到医院帮助生病的孩子,我们还要给正在康复中的孩子送气球。"

这个例子是以孩子们谈论需要做大量的工作开始的,"24 小时,不停地工作!"对长期辛劳工作的讨论促使鲁思想起了为生病孩子捐钱的想法。她进一步展开了这一想法,她的观点是需要辛苦地工作和投入时间才能挣到钱(或利润)来帮助生病和支付不起医疗费用的家庭。通过分析表明,鲁思身上仍然保留着儿童文化的要素,她注意到生病的孩子不仅需要钱,当病好转时,他们还需要气球。

总之,我们能够看到在角色游戏中,孩子们将成人世界的许多东西与儿童文化联系起来。在这个过程中,孩子们创造了一些窗口,通过这些窗口我们可以预测他们的将来。因此,日常生活本身将构成广泛的成人文化的方方面面。当我们考虑在头脑领先计划的孩子中开展角色游戏之后,我们再回到同伴文化角色游戏这个主题上来。

作为学前学校的一个实例,在印第安纳波利斯头脑领先中心的孩子们经常玩社会题材的游戏,组织家庭并扮演一些职业角色。让我们关注这个案例,两个女孩(齐娜和黛布拉)假装当妈妈,正在教室的家庭生活区打电话。正如我们看到的,电话交谈的内容涉及作为父母通常遇到的困难。电话聊天令人印象深刻,因为女孩子们在给自己母亲打电话想要表达内容形成自己的理解。

这种的电话涉及的是，打电话的人和接听电话的人不仅回顾过去的事情，同时对当前事情进行评论和解释。以这种方式，反映出儿童文化的要素。正如佩吉·米勒和芭芭拉·摩尔所争辩的，当"父母习惯重复讲述他们个人的故事时，他们常常在回忆起自己有意义的经历，这对培养孩子的信念和习惯很有帮助。"

我们现在可以回到齐娜和黛布拉的角色游戏中。她们拿着玩具电话，首先装扮女公共汽车司机，谈论着乘坐她们车的孩子，一些孩子很听话，另一些很顽皮。随后，她们说再见就挂断了电话。黛布拉重新拨电话，齐娜接了。

"你在做什么呢？"黛布拉问。

"我要准备做饭，但现在我要去食品店。"

"我带我的孩子去了便利店，他们告诉我，我说……"

"我的孩子，"齐娜打断了黛布拉话，"我的孩子想要我带他们去公园！"

"什么？"

"我的孩子要求我带他们去公园，"齐娜继续说道，"然后，我们要坐公共汽车去，如果步行还是很远的！所以我们一定要坐车！"

"好，"黛布拉回答。"我们得等一会儿，我们要买食品。我们要买一些食品。并且……"

"你猜我的孩子要我带他们去哪儿？"齐娜兴奋地问。

"我得去商店，公共汽车要来了，孩子们在等，我没有时间回答你了。"

在这个案例中，女孩们熟练地讲出了一连串的话题，正如人类学家马乔里·古德温（Marjorie Goodwin）定义的术语"格式结"（format tying，先前转换和语义关联转换的词或词组的重复），并按照孩子们的想象，他们构建了一个贫穷养育的话题。例如，齐娜在回答黛布拉在做什么的问题时，她说她得去食品店。黛布拉谈话内容须依据这样一个因素，她必须带着她的孩子去商店。齐娜接过有关孩子的话题，她说她的孩子要让她带着去公园（这就是古德温指的语义上的关联）。在后一轮的谈话中，女孩们讨论做这些事情的困难，并开始谈论贫穷养育的问题。

谈话的内容以及结构顺序也非常重要。不仅仅是母亲（由孩子们装扮的）每天都不得不做像购物一样的多种家务。此外，他们的孩子还希望她们能做更多的服务，例如，带孩子们去便利店。便利店是一种小型营业场所，比大型食品店要小，所提供品种也很少，价格更贵一些。在市中心，穷人聚居的地方，大型超市很少，居民们依赖于便利店，以满足最基本的需求。然而，这个问题对于幼小的孩子们来说理解起来非常困难，黛布拉战胜了这个困难，她告诉他们（而不是要求他们）她要带他们去便利店。此外，女孩们的对话捕捉住了母亲的困惑，她们试图满足孩子们的要求，准备带她们去公园和其他地方，但当时她们没有车，孩子们必须考虑乘坐时间受限制的公交车。

在这个案例的后半部分，孩子们继续谈论养育孩子的困难，并记录下来她们所装扮的孩子的许多不端行为。这种不端行为引来了训斥和惩罚，但是孩子们仍然是执迷不悟。事实上，女孩们扮演她们的孩子在电话聊天时制造出了许多噪声，以至于她们彼此听不清对方的话。这时，黛布拉放下电话，对着孩子们大声说安静。

谈到关于纪律问题时，齐娜正站在桌子旁边，黛布拉和我正坐在那儿，齐娜要与我说话，黛布拉把电话递给我。

"你们在谈什么？"我问齐娜。

"噢，我们在谈论小孩的事，我们的孩子是……"

"你们的孩子很坏吗？"我问

"非常坏，"齐娜说。"我想要让他们吃些冰激凌，但是我没做到。我告诉他们我想要做什么。"

"告诉他们什么了？"

"那后来他们得到冰激凌了吗？"我问。

"没有！"齐娜喊道。

黛布拉没用电话，并大声说："你不应该那样做。"在这儿，她的意思是如果他们不淘气，就给孩子们冰激凌。然后，她问我："你猜我的孩子们做了什么？他们在我这个妈妈面前说脏话。"

"噢，"我回应说："谁教他们说这些脏话？"

"可能是堂兄妹们，"齐娜说。

"是我姐姐的男朋友，"黛布拉说。

"他们在哪里听到这些脏话的？"我问。

黛布拉，皱着眉，摇了摇头。

前面我们曾经讨论过有关不良行为的问题，我问齐娜是否她的孩子很坏。齐娜说小孩子们都很坏，她不能给他们答应要给的冰激凌，因为他们不听话，不安静。齐娜和黛布拉都坚决不让步，不听我的给这些孩子一些冰激凌。后来黛布拉说，她装扮的孩子不仅坏，而且还在妈妈面前说脏话，使她处于非常难堪的窘地。在回答我的提问谁教孩子们说脏话时，黛布拉展示了她知道复杂的家庭结构，并且这种家庭结构如何影响家庭关系和孩子的培养。

角色游戏的最后一部分补充说明了这些女孩家庭生活的复杂性以及她们意识到她们在贫穷中成长和养育孩子的现实。

齐娜正在与黛布拉再次电话聊天，她与黛布拉坐在桌旁。她说："你知道女孩要什么吗？我女儿向我要带气的苏打水，一直在要。我告诉她：'没有苏打水。你想要冰激凌、蛋糕和水吗？喝水，刷牙，嚼口香糖……'"

"猜猜是什么结果？"黛布拉说。"我准备开车到你家去。"

"我不让你进来，"齐娜回答。

齐娜的拒绝让人吃惊。我问"为什么不让进呢?"

"因为，"齐娜说。但她改变了主意，她告诉黛布拉，"我让你进来。"

"我的男人在责怪我，"黛布拉说。"他一直在说我，说了有10多分钟了。"

齐娜从她的椅子上跳起来，她回答说："你有一个，我还没有呢。我的孩子一直向我要爸爸。他们说：'我想要爸爸，我想要爸爸'天天如此。"

在这个情景中的第一部分，我们再次看到这两个孩子叙述技巧的复杂性，特别是齐娜。我们应该记住：很多人相信来自贫穷家庭的孩子缺乏语言和认知技能，因为在他们家里没什么书，也不会有提高素质的活动。我观察了绝大多数接受头脑领先计划孩子的儿童文化角色游戏，我发现这种描述是不准确的。从另一个角度讲，孩子们从参加头脑领先计划活动中受益匪浅，从提高孩子的素养来说，该计划提供了远比他们父母所能给予的更好的照顾和早期教育，特别是那些不得不依靠私人有偿看护孩子的家庭。

让我们接着叙述这个例子。齐娜开始使用修辞的词语提问（"你知道女孩要什么吗?"），在这个例子中她从头到尾都使用了这种方式。这种带有修辞色彩的问题引起大家对她说话的关注，随后，也能作为话题展开。在这儿，齐娜将话题延伸到养育孩子是困难的，她意识到了她的孩子似乎从不满意。她给孩子们冰激凌和蛋糕，特别是在生日聚会上，但是，他们想要苏打水，并加许多糖，使用了一个单引号。齐娜注意到她的女儿"每天每时"都要苏打水后，齐娜对她说"没有苏打水，你可以得到冰激凌、蛋糕和水……喝水，刷牙。"齐娜说完后，黛布拉说出了要访问齐娜家的主意，后来我们可以看到，孩子们在讨论黛布拉如何逃避她丈夫的责备。齐娜立即察觉了黛布拉的处境，但没给什么安慰。她认为黛布拉至少还有一个男人，而齐娜的孩子们整天不断地要求找她们的爸爸。

虽然我没有查询黛布拉或齐娜的家庭虐待方面的经历，但另外几个接受头脑领先计划的孩子自愿地向老师和我讲述了在学校学习期间家庭虐待的情况。尽管家庭虐待出现在社会的各个阶层中，但最重要的是贫穷将影响这些孩子和父母的关系和他们的家庭生活。齐娜的回答是黛布拉至少有了一个"男人"，而她的孩子们不断地寻找她们的爸爸，齐娜这样的回答是令人吃惊的。在与齐娜母亲的会谈中，我了解到齐娜和她的弟妹们与他们的父亲分开已经很长一段时间了。在这个特定的角色游戏发生的前后，他们与母亲住在无家可归人群的避难所里。齐娜对黛布拉的回答清楚地表明她理解她母亲（和其他单亲家庭）所面临的困境。单独面对这样具有挑战性的家庭环境让人无法忍受，有时人们甚至希望有一个虐待他们的伴侣也比一个人强。

这两个社会题材游戏的内容涉及社会中上阶层家庭的孩子和经济上处于劣势家庭的孩子，它们之间的差异是很明显的。例如，社会中上阶层家庭孩子的游戏表现的是对真实生活的挑战，他们必须长时间地工作才能获得事业的成功，并且开展慈善事业帮助那些需要帮助的人（这里指的是在医院里患病的儿童）。另外，他们的角色游戏也具有许多创意元素，如彩虹冰激凌和他们称之为不会融化的冰激凌。

相比之下，黛布拉和齐娜生活在她们电话中所描述的艰苦现实中。她们的谈话表现出了在贫穷状况下养育孩子的艰辛。她们住所的附近没有安全的公园和价格合理的便利店，她们必须依靠不方便和费时间的公共交通。最伤心的是女孩子们谈话中所透露的是缺少父爱以及家庭暴力。简言之，中产阶层家庭的孩子们展示了想象游戏的快乐和对未来的乐观态度；而接受头脑领先计划的孩子们身受他们家庭生活艰难的影响，我们可以看到这些孩子们对什么是挑战性的未来具有审慎的认识。

尽管中等阶层家庭和经济上处于劣势家庭的孩子在角色游戏中所描述的生活质量有很大差异，但他们的游戏有许多共同的特性。首先，在这两个例子中，孩子们积极地从成人世界中获取信息去形成儿童文化中固定的、相互连贯的特性。第二，孩子们通过熟练地运用语言，修饰成人的模式来吸引群体和个人对儿童文化的关注。第三，孩子们修改过的社会题材游戏取决于他们获得的期望和偏见。在这样的期望和偏见下，孩子们必须面对他们的日常生活环境。

相比之下，中上阶层家庭的孩子的特点是他们具有安全感，并能控制自己的生活；而对经济上处于劣势的孩子们来说，似乎他们能够认识到他们所处的困境。然而，在这两个例子中，孩子们的偏好并非事先确定，也不受成年人所左右。孩子们的游戏是同伴文化的一种创新，是对儿童主流文化的再创造。

第六章 "这是银行"

• • • • • • • • • • • • • • • •

儿童对成人行为准则的再调整

在博洛尼亚，5月份一个阳光明媚的午后，我和3个男孩子在一起。孩子们正在学前学校的室外游戏区挖洞。我是第二次在这个学校作研究。一年前，我已经花了9个月的时间与孩子们和老师们在一起，现在我为了这个项目再次返回学校进行两个月的跟踪研究。男孩艾伯托、艾来斯欧和斯塔法诺边挖洞、埋石头，边谈论军事方面的话题，如海军、战舰、舰长或将军什么的。

随后，我看见3个孩子搬运一个大红色纸箱在院子里走来走去，他们的老师曾使用这种纸箱将玩具搬到院子里。我也看见过孩子们以前玩过这种纸箱。但我不知道现在学校已经禁止孩子们玩这种纸箱了。后来我才知道，在我一年前离开学校后曾发生过这样的事情，几个孩子追一个头顶着纸箱的女孩，这个女孩摔倒在地上，并受了轻伤。这个事件发生之后，老师不允许孩子们再玩纸箱了。

但是，今天仍有一些孩子在玩纸箱。他们正朝我走来，我开始明白了孩子们对成人要求的再调整。他们好像在说"船来了，船来了!"。虽然我不太敢肯定最后一个词，但这个词一定是"船"或"银行"。现在孩子们离我非常近了。安东尼奥领路，鲁希雅和马里奥帮着搬纸箱。在纸箱里有一个小蓝桶，我可以看到那里面装满了石头。

"这是船吗?"我问安东尼奥。

"不，是放钱的银行!"他说，这时他伸出手臂做出一种意大利人的手势强调他所说的。

我被他们吸引住了。这些孩子们创造出了一个新的三维银行系统——一个移动银行。它比路边的自动取款机要先进得多。

"给我点钱，"我要求道。

孩子们放下纸箱，马里奥从纸箱里拿出一桶石头说："我来给他钱。"

"你要多少钱?"他问道。"我们有几千……"

"4万，"我回答。（听起来很多，但那时候4万里拉相当于25美元。）

马里奥开始从桶里拿出石头数着，动作很像意大利银行的职员，数到1万元就宣布一次，最后他报出总数："4万，4万，这是4万。"

但他仅给我3个石头。"不，不是3万，我要的是4万！"

"4万，"鲁希雅告诉马里奥。"是4万！"

马里奥后将手伸进桶里再取出些石头，并数着，"3万，4万，这是4万。"

"现在我要6万了，"我笑着说。"7万。我刚才说4万！"

"多少？"马里奥问。

鲁希雅对马里奥不耐烦了，她认为自己是一个出色的银行职员。"4万，他刚才说的是4万！"鲁希雅说着，并试图从马里奥手里夺走小蓝桶。这时，3个孩子开始争夺小木桶，安东尼奥从我的手里拿走了石头放回到小桶里。

"让我们走，"他命令道。孩子们再次走开，嘴里说着："这是银行！这是银行！"

我挥手示意，并大声喊道，"这是银行。"

孩子们并不喜欢成人限制他们玩纸箱的规定，所以他们无论如何还要玩，但他们创造出一种独特的玩法——"移动银行"。这个想法是从成人世界获得的，但孩子们扩展了它，并赋予新的含义。

"移动银行"是孩子们运用社会学家古夫曼定义的术语"再次调整"的一个极好的范例。再次调整意味着使用合理的资源用迂回的方法绕开规则而达到个人或小组的需要和目的。

根据古夫曼的理论，再次调整是一些方式，在这些方式下，个人将脱离自己或社会习俗希望他们所做的那样。古夫曼将再次调整看作是形成特定的社会生活。古夫曼曾对一所精神病院进行过研究，因为它是一个需要高度控制的场所，通过研究，他确定了多种类型的再次调整。例如，病人有很多种办法规避必须在餐厅吃饭这样的规则，并将食物带出餐厅。当供应香蕉的这几天，古夫曼记录到"病人们从装有牛奶的容器中盛上一杯牛奶带走给那些需要饭后喝牛奶的人，他们还常常将香蕉切成段，在上面放些糖，是非常'可口'的甜点。"他还观察到，当供应可携带的食品，如法兰克福香肠这样的食品时，"一些病人常常用餐巾纸包上这些食品，然后带走，将这些食品作为夜宵。"

古夫曼相信他在精神病院里的发现有助于理解个人与机构的关系，在某些方面，它也应用于所有机构。此外，古夫曼争论道：个人应该有一种接纳和维护社会机构准则和期望的愿望，这样你才能够保留个人的特性。

但是古夫曼的研究有助于理解孩子们的文化吗？当然，学前学校不像精神病院或监狱那样是一个完整的社会机构。此外，学前学校的孩子的认识能力还没有全面开发，在触及接纳或抵制属于他们自己的组织时，他们凸显自我。另一方面，像其他组织一样，学龄前孩子也为其制定了一套目标、规则、程序和期望。在这种意义上，古夫曼的研究有助于理解孩子们如何对日常的规则形成概念，并如何接受这些规则，例如：不允许从家里带个人的物品来学校，或者不能将某些卡通玩具从一个活动区域带到另一个活动区域（道德规范也一样，如不许伤害其他小朋友，不说谎，不偷东西等）。然而，尽管学龄前的孩子尚未形成发育完整的自我感，但他们的确有一个清晰的团体概念（小孩与成人相对）。然而，对于个体来说，虽然孩子们可能缺乏认知能力来判断是接受还是抵制团体规则，但他们的确对其重要性有一个清晰的概念，和儿童的世界相比，他们知道成人世界是有规则的。对于 2~3 岁的孩子来说，他们已经知道成人（长大了）和儿童之间是有区别。事实上，他们能够而且经常这样做来区分清成人世界和他们自身的儿童世界。

有资格成为成人世界中的一员，并加入成人世界之中，对于孩子们来说很重要。尽管如此，对于某些限制他们行为的成人规则，随着孩子们理解力与判断力不断发展和增强，自然形成了一种抵抗力。在这种意义上，孩子们即认可成人制定的规则，又对这些规则产生一种普遍的抵抗，这种现象在儿童文化中很常见。

逃避成人世界：进入学前学校的个人世界

当孩子们开始将自己视为团体的组成部分，他们做一些被禁止的事情而能逃脱处罚，他们便在同伴中受到尊重。在老师身后扮鬼脸、当老师离开教室时离开座位或在"保持安静"的时间里和其他孩子说话等，这一切在学校正常教学的课堂里变得司空见惯。即使最小的孩子都很快地找到这些简单的再次调整的能力，但这被看作是对学校规则的公然地违反和嘲弄。孩子们经常单独地去做违反学校的规则——直接挑战，并嘲弄老师的权威。

曾经有一次在莫德那，我观察到有一组年龄为 3~4 岁的孩子，他们离开了自己班的教室到一个大教室去上所选修的宗教课。宗教课老师开始讲关于耶稣和他的 12 个信徒的故事。实际上，她开始讲 12 个信徒的名字，遇到了一些麻烦，要求我来帮忙。当老师正在那里继续讲述一个关于耶稣和他的 12 个信徒的寓言时，一个 3 岁的女孩古拉大声地打着呵欠，然后说道，"真没劲!"。其余所有的孩子都笑起来，甚至老师和我都在笑她这种玩世不恭的样子，尽管她是真诚坦率的，但不适宜。老师劝告古拉说这个故事很有趣，并继续讲述使徒的故事。

　　大多数孩子常常对成年人的控制行为进行嘲弄，但情况也很复杂。在博洛尼亚，一天下午，在老师们给孩子们发一些小吃并帮孩子整理东西，等家长来接他们之前需要休息一会。为了在孩子们等家长接他们回家的这段时间里有事可做，老师常常让孩子们自由绘画。让5～6个孩子一组，围坐在桌子旁，使用老师给的彩色油笔和一叠纸画画。自由绘画对于孩子们而言是一天中最有意思的活动。孩子们喜欢这个完全由他们自己控制的机会，想要画什么就画什么，基本上无人监管。同时，老师也很轻松，可以聊天、喝咖啡。

　　桌子旁边的吵闹声越来越高，但最初的活动还是有序的。孩子们在画他们的图画，老师们在靠近一个房间的角落里围着桌子聊天。活动常常被大声吵闹所打断。争吵通常是因为孩子们在争着使用特殊标记笔。争吵常常会变得很激烈，孩子们聚在一起围着桌子大声地喊叫并比划着。老师们不情愿地走过来解决这些争论，告诉孩子们每个人都会有笔。但很快，新一轮的争吵又开始了。当我近距离观看孩子们的争吵时，我发现事情并非想象得那样简单。

　　罗伯托边找笔，边说，"画不出颜色。"他拿起一支红色的笔，试了试，把它扔到一边，很不满意。然后，他又发现了一支，但他还是不满意。现在罗伯托离开了桌子走到另一张桌子旁，因他没有留意到（也许假装没有注意到）其他小朋友，他拿起了一支红笔。罗伯托再次回到自己原来的桌子，开始用笔画着什么。这时，在后面另外一张桌子旁，安东尼娅正在到处找笔，她问其他孩子："红笔呢？"玛丽亚递给她一支红笔，但是安东尼娅将笔推开，说道："这支笔没水不能写字。"另外两个女孩子帮助安东尼娅找来好几支红色的笔，但它们都画不出颜色。此时，安东尼娅用她的右手掌拍着她的前额，喊道："他们在抢我们的东西！"

　　这声惊叫致使一连串的事情同时发生。罗伯托不再画画，抬起头来看看四周，转身向他身边的小朋友笑了笑。小朋友们跟随他的目光也回头笑笑，发出一个信号，即：他们知道发生了什么事情。别的桌子旁边的孩子们向安东尼娅所在的桌子那边看去，然后很快地转向罗伯托所在的那张桌子。最后，在安东尼娅的桌子旁，玛丽亚突然站起来，指着罗伯托喊道："是罗伯托！"。这时，安东尼娅、玛丽亚和其他一些孩子立刻围到罗伯托的桌子旁。在他们就要到达时，露莎急忙抓起几支笔（包括罗伯托的那支），把它们藏在桌子下面。这时候，安东尼娅指责罗伯托偷了红色的笔，但他不承认，而且还向安东尼娅和其他孩子发出挑战，让他们去找他们的红色笔。话音刚落，安东尼娅和玛丽亚便起身去找，布玛后退到其他孩子所在的桌子旁，也参加到这场争吵当中。她认为是罗伯托偷了红色的笔，藏在露莎那儿，露莎大喊说："不，不是真的。"但是，此时此刻安东尼娅已将手抻到了桌子底下抓住露莎藏着的笔。孩子们在叫喊、比划，甚至在互相推搡，老师不得不再次出面管理。

我见证了很多次这样的事情发生，我一五一十地把它们记录下来。事实上，所发生的这类冲突，在博洛尼亚的学前学校平均一周要发生 3 次，而且全部是在下午的"自由绘画"时间段内突然发生。我断定孩子们不是在争吵，而是例行的一种争论。这里并非是缺少红色、绿色或其他什么颜色的笔，而是他们假装的短缺，借此引发相互的争论。每天的这个时候，老师都试图想办法让孩子们保持安静直到吃点心的时间，而孩子们却愿意用争论代替画画。

争论的发生是一种同伴文化，也是学龄前孩子的特点之一。平日里，孩子们常常对成人的控制进行挑战（正如孩子们在吃甜点前他们需要用画画填充时间），并且在他们做想要做的事情时分享相互控制的感觉（即发动一场恶作剧式的争吵）。

除了要愚弄成年人的权威之外，学龄前的孩子们还要想出各种策略避免成人对他们的控制。例如，在学前学校，孩子们要接受如何使用物体和地方的规则。在伯克利，孩子们很小就知道什么游戏可以在什么地方玩，一些玩具可以放在什么地方玩，玩完后又放回什么地方。

老师对于孩子们在教室里面和外面玩时的概念是有区别的。相互追跑、喊叫在学前学校里都是不适当的行为。对于这一规定，男孩子最不适应，特别是对下午活动小组中年龄大一点的男孩子。同样，下午活动小组中的男孩子还要面对一个附加的规定。因为对于男孩来说，大多数孩子在来学校第一个月内很少在室内玩，老师规定只有下午课的第一个 45 分钟在外面可以活动。老师们希望这个规定能让男孩子改变主意，更多地在室内活动。

规则的制定在一定程度上起到管理作用，但是男孩子们还是想出很多具有独创性的再次调整。其中一个游戏就是几个男孩子在游戏室里试图以他们感兴趣的方式扮演家庭角色。例如，男孩们假设房子遭到抢劫，一些孩子扮演强盗和警察。警察将强盗从房子里抓出来，穿越校园。当老师提醒这些男孩子们不要在学校的校院里面跑时，孩子们声称他们要跑去抓进入游戏室偷东西的贼。面对孩子们的这种反应，老师常常做出让步，允许男孩子们更自由一些，但告诉他们在游戏室附近不要追逐猛跑。此外，孩子们还扩展角色扮演游戏，一个男孩提议游戏室着火了。更富有想象力的是最后一个例子，一个家庭受到逃离动物园的一头狮子的威胁。在这种情况下，一个精力旺盛的男孩子被要求扮演这头狮子，另一个男孩则扮演驯兽师来收拾这种局面。在这个活动中，这位英雄驯兽师不得不在学校里跑来跑去地追捕狮子，在附近玩的其他孩子都在为他欢呼。

对于参加下午活动组的男孩子们而言，游戏中的再次调整并没有受到限制。有这样一个情景，两个来自上午活动组的孩子，丹尼、马丁与莉亚在学校楼上的游戏室里玩。他们开始做晚餐，但很快玩这种过家家游戏就变得没有意思了。丹尼发现地板上有一根绳子，绳子上拴着一根木棒（那是为了防止孩子们从楼上跌落下去而放置的）。丹尼宣布："嗨，我要钓鱼了。我要为我们的晚餐钓一条大鱼！"莉亚和马丁跑下楼，找来绳子也来与丹尼一起钓鱼。很快，其他孩子和老师都注意到了这三个孩子。老师对孩子的这个想法印象很深，他们也忽略了孩子们在游戏中轻度违反了规定。事实上，老师们帮助楼下的一些孩子将玩具动物系在鱼线上。丹尼、莉亚和马丁超越了规定的限制。

给人印象最深刻的是这种再次调整涉及一些孩子们的相互合作。对于个人来说，或者对于目的性来说，孩子们的行为是符合规定的，也是用心策划的（在校内孩子们被允许玩具有身体接触和侵略性的游戏，例如，抓捕逃脱的狮子游戏，狮子由孩子们装扮）。古夫曼称之为"研究这个系统"。

另一种再次调整的类型涉及孩子们使用古夫曼曾提到的"代用品"来绕过这些规则。也就是孩子们使用了"可利用的东西而不是为了一个目的故意做的东西"。例如，我观察到玩具武器在每一所学前学校都是受到禁止的，学校禁止使用仿制的武器是一项最基本的规定。然而男孩子们（还有少数的女孩）却在一定的距离内相互用手指扣动扳机向对方"开枪"。有的小朋友将木棒或帚柄之类的东西看作是骑兵挥剑或当做大炮，有时他们还会用像乐高之类的拼装玩具制造出武器来。

某些"代用品"的例子具有很强的独创性。在伯克利学前学校，关于玩具的使用有许多规定。孩子们不能带像木块、盘子和玩具动物等物品来学前学校，在学校的游戏区有一些固定玩具。孩子们经常会找各种借口将玩具藏在身上带进受到限制的活动区域中，他们有意违反规定。有一个案例，一个叫丹尼尔的男孩从游戏室里拿出一个箱子，他将这个箱子带到积木的区域，并将箱子里塞满了积木和玩具动物。然后他带着箱子出去了，没有人注意到他将箱子里的积木和玩具动物倒进沙堆里，并把它们埋了起来。之后不久，老师发现了沙堆上的箱子，要求丹尼尔将箱子送回游戏室。他没有做任何反对的表示便将箱子送回到游戏室，然后很快地回到沙堆上又玩起了积木和玩具动物。打扫卫生的时间到了，丹尼尔丢下了这些从教室里带出来的东西返回教室。当另一位老师在打扫卫生时发现了沙子里的东西，她问在这里玩的两个孩子是怎么将这些东西带出来的。这两个孩子回答得非常典型，是学龄前孩子经常说的一句话："我们不知道。"在这种特别情况下，这个理由是真的，但老师并不相信他们，所以这两个无辜的孩子不得不将玩具送回原来的地方。

孩子们想出了许多再次调整的办法来绕过或推迟可怕的"大扫除"。扫除的时间通常安排在换活动的时候（例如，在吃饭、聚会时间，午睡之前）。在我作过观察的所有学校中，通常是当口头宣布或用开关灯示意扫除时间到了，孩子们便停止游戏。这时孩子们不再玩了，他们会帮助老师整理游戏区域，将玩具恢复原来的摆放次序。许多小朋友都曾质疑其必要性以及扫除时间是否符合逻辑。

在伯克利，有一天，课后扫除的时间到了，这时我正与彼得和格雷汉姆在户外的沙堆上，孩子们在玩堆沙子卡车。格雷汉姆告诉彼得"扫除的时间到了，你没听见吗？扫除的时间到了！"

"是，"彼得答应。"我们可以将我们的'卡车'放在这儿，明天接着玩。"

"好吧，"格雷汉姆边说，边将他的"卡车"转过来，推平了其余的沙子。"扫除真没意思，没意思，没意思！"

这时，一位老师走过来，提醒孩子们要清理好沙堆。开始他们没有理睬这位老师，过一会儿，孩子们推倒了他们的"卡车"，回到教室里去了。

还有一个案例，一个叫理查德的男孩，他来自伯克利学校的上午班，他也同意格雷汉姆认为扫除没意思这一观点。他争论道，将玩具推倒意味着"我们不得不再重新玩"。从孩子们的观点来看，扫除不是他们想要做的事，并且也不必要去做。扫除是没意思的工作，妨碍了他们有趣的游戏。

孩子们对扫除缺乏认识，所以，他们设法逃避扫除就不足为奇了。在我作调查的学前学校，我发现了许多孩子逃避做扫除的借口，最常用的就是"变换地方策略"。当他们听到扫除的通知时，孩子们会立刻从学校的一个地方换到另一个地方。当他们被要求做扫除时，孩子们声称他们一直没玩，他们在另一个地方做过扫除了。老师们很快便识破了孩子们的这种伎俩，老师告诉孩子们，无论在哪里，无论他们是否做过，他们都要再做扫除。虽然老师们的这种做法减少了孩子们"变换地方策略"逃避扫除，但是一些孩子仍然使用这一策略，有时会把事情搞糟。孩子们有时会很机灵地从很乱的地方逃走，来到一个很容易打扫的地方。有时这种方法很管用，有时却不灵，这完全取决于老师，老师会看到那些孩子在宣布扫除前一直在玩儿。

第二种策略是"个人问题延误"策略（意为：由于某个个人原因你不能做扫除）。孩子们报告了许多问题，例如，装病或假装受伤（如："我胃痛，""我脚扭了"等），另外的事情（如：其他老师叫他到校园的另一个地方做扫除等），或者参加了角色扮演游戏（如：母亲需要喂养她的婴儿，救火队员必须要扑灭火焰等）。

在伯克利有一个实例，我注意到当宣布清洁时间开始时，布赖恩仍躺在学校院子里的草地上。不久后，助理教师玛丽告诉布赖恩要做清扫了，但是布赖恩却没有反应，他继续躺在草地上一动不动。然后玛丽对他说，"布赖恩快别装睡了，马上起来帮我们做扫除。"

布赖恩仍没有动，威克易开始打扫起来，并对他说，"他不能帮助我们了。他死了，他被毒药毒死了！"（"被毒药毒死了！"我喜欢这个措辞，我将不会忘记这个小把戏。）

玛丽看了看我这边，我们俩都笑了。尽管如此，玛丽还是没有让布赖恩逃避劳动。她跪在他身旁假装把东西放进他的嘴里。

"看这儿，"玛丽说，"我给布赖恩一些解药。他现在要活过来了。"

布赖恩仍保持不动，但我能够看到他的脸上露出一丝笑容。

"这解药不管用，"威克易说。

"解药是管用的，"玛丽回应道，她开始逗布赖恩。布赖恩哈哈地笑起来，并从玛丽身边挪动起来。

"看，他现在活过来了，他要帮助我们做扫除了。"玛丽说。

布赖恩一下站了起来，开始做扫除，他毕竟没有被毒药毒死，但是由于耽搁了很长时间，他几乎已经没什么可做的了。

有时候孩子们试图将我引入他们的诡计之中以逃避扫除。在博洛尼亚，一个叫方卡的女孩告诉老师说她不能做清扫是因为我正在教她学英语。这里面有些是真实的，因为孩子们常常问我一些词汇用英语怎么说、用法语怎么说。以前其他小朋友也有过这样的要求。但是，这次当宣布清洁时间开始时，很显然我没有给她上英语课。幸运的是我并没有被卷入这一场争辩中，老师拒绝了方卡不参加扫除的请求。但是，在争辩的过程中，大量的扫除工作已经被其他孩子们完成了。

事实上，由于这种原因一些逃避扫除的策略获得了部分成功。由于客观的安排（如：老师需要让孩子们按时去吃午饭、参加聚会等），任何拖延策略，表面上看很简单有时候也可能会很有效。我的一个学生凯西·哈德利，自愿到一些学前学校作调查，他讲述了一个男孩的故事。这个男孩在扫除开始的时候，在学校里到处走动要求老师和其他小朋友给他一个"热烈的拥抱"。在扫除时间里，这个小家伙多友好呀。老师们明白这是孩子的一种策略。

这是孩子们逃避或拖延扫除的最后一个实例。在这个例子中，孩子们所采取的手法非常简单，这却使得我花费了很多的时间去研究。我终于明白了，我们将孩子们采取的这种策略称之为"假装没有听见"。当孩子们听到扫除开始时仍然继续玩着，就好像他们根本没听见一样。其后老师重复宣布多次，通常情况下老师的声音很大，许多小朋友仍然没有反应。老师再次宣布扫除，则声音更大了，这使得一些小朋友才开始参加扫除。当我第一次在伯克利注意到孩子们的这个策略时，我发现这个策略也运用在其他学前学校中。在伯克利，我记录过，有一组孩子在老师重复7次后才有所反应。老师一直自己独自做着扫除工作，当孩子们开始做时，老师已经完成了大部分清洁工作。

正像前面我所提及的，为逃避扫除所做的各种各样的再次调整均被古夫曼称之为"工作系统"。这些再次调整给人深刻的印象，正像古夫曼所指出的，"为了使系统工作有效，人们必须熟悉和了解这个系统。"

但是，这些年幼的孩子对扫除时间的规定所做的这些再次调整是一种意识吗？换句话说，再次调整是真正的儿童文化共有的要素吗？我相信它们是儿童文化共有的要素，尽管孩子们很少谈论再次调整，也很少坐下来在他们行动之前进行周密的计划。然而，在以下的两个例子中（第一个来自于伯克利地区，第二个来自博洛尼亚地区）却印证了我的观点：再次调整是儿童文化共有的要素，是他们共有的一种意识。

"现在该轮到我了"

芭芭拉和贝蒂正在外面的院子里玩攀登房子。芭芭拉在屋顶上坐在悬挂下来的轮胎上来回摆动。贝蒂正站在她前面，我正在附近的草地上。当芭芭拉摇摆时，贝蒂俯身往下看着她，并告诉她说，"扫除的时间到了！"，芭芭拉笑了笑没有理她，仍然在摇摆着。贝蒂立刻又大声地重复一遍，"扫除的时间到了！"芭芭拉还是笑着没有理睬她，继续摇摆着。之后，贝蒂重复了7遍，"扫除的时间到了！"在说到第七遍时，贝蒂提高了她说话的声音，并走近芭芭拉，实际上她是冲着芭芭拉喊了起来。突然间，芭芭拉停止了摇摆从轮胎上跳了下来。贝蒂说："现在该轮到我了。"她迅速地跳上了刚才芭芭拉摇摆的轮胎。同样的一幕又出现，这时芭芭拉喊道，"扫除的时间到了。"

在这个例子中，孩子们实际上在"扮演老师"的角色，在这种情况下老师总是被孩子们所愚弄。在第二个实例中，我制作了录音磁带，这是在博洛尼亚地区，一个学生自己费心想出了一个主意。他想要掌控另一个孩子偷偷带到学校里来的一个东西（后面作为再次调整的案例，我会讲述更多关于孩子偷带物品的例子）。

"计划"

菲利斯和罗伯托正在外面的院子里玩。菲利斯有一个小的塑料箱子，是一个叫安吉拉的女孩把它带到学校里来和他一起玩的。这箱子里面有玩具注射器（没有安装针头的那种）。在他们来到院子里之前，孩子们在盥洗室里向注射器里灌满了水，并在老师没有注意到的时候试着向另一地方射着玩。他们打算走出盥洗室用注射器射水玩。菲利斯给罗伯托看这个箱子，由此引发了将水从学校带到院外的想法。无论如何，老师不允许如用桶之类明显的东西将水搬运出房间。

菲利斯一边给罗伯托展示这个箱子，边说："看，我吃药了。"然后，罗伯托对菲利斯低声说，"嗨，如果我们把它（箱子里的水）和土混起来怎样，让我们用沙子堆一座城堡好吗？你弄点水来。你告诉老师你憋不住要去上厕所，她会让你去的。你不能总向老师提要求，你可以把它给我，我去要求。我们轮换要求。我再把它给他（并指向另一个叫阿曼多的男孩），再让他要求，好吗？"

菲利斯听了这么长的计划仅回应一声，"嗯?"

"快点，去说你要去上厕所，"罗伯托不耐烦地催促。

"啊不，"菲利斯说，"现在不行。"他紧握着箱子上的把手。

罗伯托看见菲利斯在玩禁玩的东西，就编制了一个精心的计划，用沙子造城堡。这个主意并没有太多实用性，因为制作城堡的泥土需要足够的湿度才能完成，也就是说需要大量的水。然而，罗伯托却谨慎地展开着他的计划，预先做好准备并且观察老师的表情，制造机会。罗伯托的计划还要预防被老师突然撞上的可能性（"因为你不能总是你一个人要求"去卫生间）。所以，他把自己以及正在附近玩的阿曼多也迂回地参与了进来。最终的计划包括菲利斯拿出玩具箱给罗伯托，然后他可以有充足的时间安排用玩具箱将水从卫生间运出来。因为我刚好在那里，所以我可以断定菲利斯被这个计划诱惑着。然而，要让出玩具箱（他好不容易地让安吉拉将玩具箱给他）也许会导致他拒绝了这个计划。

分享超人玩具：再次调整、满足需要以适合规则

那个实例涉及私带东西。在我曾作过观察的所有学前学校里，私带东西是孩子们所做的一种很普通的伎俩。在所有的学前学校，都有一条规定：禁止（或是严格的限制）孩子们从家里将玩具或其他的个人物品带到学校。孩子们喜欢将个人物品带到学校（特别是入校的第一周），因为在新的环境下这些东西能使他们获得一种安全感。之后，从家带到学校的玩具或其他的物品受到推

崇是因为这些东西完全吸引住了其他的小朋友，这些东西与学前学校里每天玩的玩具大不一样。

然而，从家里带来的玩具经常给老师出难题，因为孩子们因此而争斗，玩具可能被损坏或被毁掉。所以，学校的规则中指明家里的东西不能带到学校来，孩子们带来的任何东西必须存放在个人的保管箱里直到放学回家时才能带走。

在美国和意大利的学校里，孩子们通过将一些体积很小的东西装在衣服口袋里带进学校，试图以此逃避学校的规则。小朋友特别愿意带的东西是小玩具动物、小洋娃娃（如芭莉口袋娃娃）、赛车火柴盒，士兵玩具或动作片里的人物，有时候孩子们还喜欢带糖果和口香糖。孩子们几乎从来都不会独自一人玩这些禁止带入幼儿园的东西。他们会立即寻找玩伴并出示他们"隐藏的战利品"，并且试图在老师没有注意到他们，即老师没有发现他们违规行为的情况下和其他小朋友分享这些被禁止的东西。在意大利，孩子们经常对我说，"看，比尔。"并且给我演示一辆玩具小汽车或给我一些糖果。然而，有些事情比和小朋友一起玩从家里带来的东西更重要。孩子们感觉是"躲避了什么"，并且在这个过程中可以摆脱老师的控制。在儿童文化中的这种共同分享的感觉与持有和分享禁止带入幼儿园的物品同样重要。

老师常常都能意识到正在发生的事情，但是仅仅是不理睬较小的违反规定的行为，宽容这些违反规定的行为，这是因为对于学前学校需要坚持遵守的规则，常常排除次要调整之类行为。孩子们分享和一起玩偷偷带来的个人物品，想方设法避免让老师发现。如果小朋友总是以一种方式玩个人的东西，没有发生冲突，也就不需要受到规则的约束。这样，再次调整以一种间接的方式认同学前学校需要坚持遵守的规则。

现在这些实例让我们认识到怎样的再次调整实际上能够帮助孩子们理解所需要的某些传统规则，此外，再次调整还多多少少地影响着老师，促使他们对规则进行更改或灵活地执行规则。

让我们从博洛尼亚的一个实例分析开始，这对我们是有所帮助的。有一天一个叫露易萨的小女孩将一个超人的塑料玩具人装进她的衣袋里带到学前学校来了。这时她从衣袋里拿出玩具给一个叫佛朗科的男孩子看，她想和这个小朋友建立起一种特殊关系。

当佛朗科和其他几个男孩子跑过时，她拿着她的玩具说，"看，佛朗科，这是超人。"

"嗨，真漂亮，"佛朗科一边说，一边拿起超人开始在附近飞跑。

两个小朋友愉快地玩着，拿着超人前前后后地跑，并没有发生什么事情。大约一个半小时后，露易萨抱怨佛朗科把超人给弄脏了，还抱怨他拿着超人时间太长而不让她拿一会儿。佛朗科没有理睬这些抱怨继续拿着超人玩。

露易萨说，"把超人还给我，要么我就去告诉老师去。"

佛朗科没有理睬这种威胁，露易萨开始走向两位老师正在坐着的地方。我看到老师们并没有注意到露易萨，也没有注意到佛朗科正拿着超人玩具，也不关心他们正在玩什么，因为这里没有发生什么问题。当露易萨向老师走去，走到一半的时候她停了下来，然后等待了几秒钟之后又走回到佛朗科身边。

露易萨现在发现她自己进退两难。她意识到如果她向老师告状佛朗科拿着她的超人玩具并且还不和她一起玩，老师首先就会批评她将超人玩具带到学前学校来。实际上，超人玩具很可能会被老师临时没收直到这一天放学时才能归还给她。因此，露易萨耐心地等待着，当她看到她有机会能从佛朗科那里抢回超人玩具时喊道："够了！"同时，她将玩具抢回来装进她的兜里。佛朗科进行了反抗，甚至威胁她要去告诉老师去。他向着老师跑去，但不久便转弯加入其他男孩正在进行的游戏中。他也知道老师不会将超人玩具从露易萨那里要过来给他，所以他跑开了，他离开了露易萨，让露易萨独自一人玩她的超人玩具。

共同分享的日子：再次调整和成人文化的再现与改变

很显然，在试图逃避规则的过程中，孩子们开始理解为什么存在这些规则。然而再次调整是如何影响老师，使他们重新认识，甚至改变他们自己的衡量标准的呢？为了更好地理解这一问题，让我们回到博洛尼亚孩子们的"移动银行"，我曾在这一章的开篇讨论过。

正像我们所知道的，孩子们用的纸板箱是被禁物品，但是老师允许"移动银行"的活动继续，因为它具有创造性。在孩子们办理完我的银行业务后继续高唱着"移动银行"前进，安东尼奥和马里奥为占有纸箱而争斗，这时老师才开始介入。

当她走进孩子们身边时，老师问，"一个小女孩因为玩纸箱而受伤住院，你们还记得吗？"

露易萨点头示意记得，但其他男孩子们没有做出反应，可马里奥却开始哭了起来。

"对，卡拉，"老师谈及那个女孩说道，她是玩纸箱受伤的。"发生了什么？你们都在哭，发生了什么？"

"好，我让出纸箱，"安东尼奥说。

"你还在哭，是因为他没有给你纸箱还是因为他碰伤了你？"老师问马里奥。

"因为……"马里奥开始说。

"为什么他不给你纸箱?"老师打断他。

"嗨,为什么你要哭?"她问马里奥。然后她等了一会儿又对安东尼奥说,"还有你,为什么欺负弱者?"

现在马里奥不哭了,他和安东尼奥站在了一起低着头,接受惩罚。

现在老师回到她所谈到的关于卡拉所发生的事情上。"这里的这个纸箱,"她说,并指了指纸箱的边沿,"你们记得当卡拉……这痕迹是她留下的吗?"现在老师指着自己的额头说卡拉就是这里受伤的。"卡拉,卡拉到这儿来,"老师招呼在外面院子的活动区域里玩的一个孩子。"比尔不在那儿,他不知道,"老师说。

卡拉现在来了,然后老师转向我说道,"卡拉因为这个,"她敲了敲箱子"去的医院。"

"什么时候?"我问。

"嗯,在9~10月,那时你不在这儿,"老师重复了两遍。

"是的,"我说。

"因为他们像这样推来推去的,"老师一边说着一边演示所发生的事情,老师移动着箱子刚好碰到卡拉的前额。

以此推理,对于他们现在的行为老师鼓励孩子们联想过去发生的事情(当玩箱子时卡拉受伤)。这是一个复杂的干涉策略的第一个阶段,在这个过程中老师直接引出规则,即禁止玩箱子。老师总结过去发生的事件,陈述其结果(一个小女孩因此受伤住进医院)和原因(玩箱子),结束时她附带着说,"你们记住了吗?"孩子们现在被灌输了一系列有关这一事件直接引来的后果及其相关的规则。老师从证明受伤女孩开始,并且问小朋友发生了什么。露易萨示意她记住了,但是男孩们仍然被牵连到有关控制箱子的争吵之中,马里奥开始哭起来。老师试图弄清马里奥为什么哭,但是判断的结果是这不是很严重的问题。她开玩笑地斥责马里奥过于敏感,并向安东尼奥发出了不要欺负弱者的警告。

看到已经引起男孩们的关注,老师回到了有关箱子所作的规定上来。她捡起箱子问孩子们是否记得因为事故卡拉受伤了。在孩子们能够回答出来之前,老师召呼卡拉参加到这个小组中来。当我们等待卡拉的时候,老师提醒孩子们当事故发生时我刚好不在现场,而她正好在场。尽管我们不完全相信老师向我们详细描述的是否是事件原来的那个样子,但是接下来所发生的却是值得十分珍视的,孩子们正在共同地体会卡拉受伤的经历。

老师现在继续谈论所发生的事情,"我知道……"

"谁做的？"安东尼奥打断说（意思是谁对卡拉的受伤负责）。

"我知道她是谁，"老师笑着说。"我不说是谁做的。"

老师现在轻轻拍拍马里奥、安东尼奥和露易萨的头，说道，"所以我们不让大家玩箱子，纸箱是一件很糟糕的玩具。"

"这里，"马里奥说着将一些石子放进桶里。

"玩这个，像这样玩，"老师说，当她将箱子放到草地下，示意他们只能以这个方式玩这箱子。

孩子们离开了地上的箱子，将桶放进里面。

在老师与孩子们讨论进行到最后时，安东尼奥打断老师的话问道"谁做的？"显示出孩子们拥有的同伴文化中的一种好奇心：希望获得玩伴受伤情况的信息。老师的陈述有两种，形成对照。第一，她强调她知道是谁。第二种陈述与之形成对照，强调要按常规办事"不告诉其他人"或保守过去其他小朋友不守规矩行为的秘密（我们不说是谁做的）。

老师继续发出对过去事件有可能重新发生的判断："所以，我们不能玩纸箱，纸箱是一个很糟糕的玩具。"不过，她又告诉孩子们也可以玩纸箱，但是他们只能将纸箱放在地上，将纸箱当做一个容器。

老师的行动潜在地遵从一种哲学，强调团体的权力和安全性。这种哲学体系以多种方式显现出来。首先，当孩子们开始玩纸箱时，老师决定对孩子们玩有潜在危险的东西放松常规性限制，并且与孩子们保持一定距离从远处照看他们。所以临时创新的纸箱玩法延缓了纸箱对孩子们基本安全的伤害。然而，一旦刚刚结束的纸箱争斗又在继续，其潜在的危险又会重现，这时老师就会中断这个游戏。老师在强制执行其规则上的迟疑表现在两个方面，意识并鼓励孩子们的创造力以及尊重同伴文化中对共有问题判断的自主权。

第二，当老师介入时，她不是立刻强迫执行规则，而是相当巧妙地引起孩子们注意规则存在的理由。她是这样做的，通过鼓励大家回顾以往发生的公共事件从而引发大家对已经形成的规则的认同。这种重温公共事件包括向孩子们提问，给我提供相关信息甚至于调查卡拉额头留下的伤痕。

第三，老师拒绝了安东尼奥的请求，她确定这个孩子是造成早些时候发生的那起事故的原因。这种拒绝显示她强调规则对于保障团体基本安全的重要性，同样，老师也反对使小孩因为自己不适当的行为而感到羞耻的举措。简言之，她向大家传递的信息不是"某某小朋友的行为是不好的"，也不是"你（作为一个有特性的小孩）不应该再去玩那个纸箱，"而是采取更正确的方式，"在卡拉身上发生的事情也可能会发生在学前学校的其他孩子的身上，所以当玩纸箱时我们大家都应当小心。"

博洛尼亚的这件事是老师放宽了规则以适应类似的活动，这种情况大约在我做过观察的其他学校也有过。在一些美国的学前学校里，老师对孩子们私带东西所做出的反应是宣布一个"公共日"。在公共日，鼓励孩子们从家里带个人的玩具到学校，孩子们会轮流"展示与讲解"这些玩具的玩法并介绍他们所带的玩具和其他个人物品。随后在自由活动期间，孩子们会和他们的朋友分享带进来的个人物品。老师构建在孩子的再次调整（渴望带个人物品来学校）之上的一项创新活动，这项活动为的是发展孩子们的沟通技能和社交能力。同时，老师通过在公共日中安排一个正式的共享玩具时间来掌管孩子的个人玩具或物品可能引发的混乱。

然而，学校课程中的这种改变的确有些负面的影响。但随着时间的流逝，孩子们开始评判这些物品和他们的同伴在"展示和讲解"时的表现。首先，他们认识了他们同伴所带的物品，提高了他们在同伴文化中不断增长的一种对物质价值的认知。孩子们经常比较其他小朋友的需求，随后很快地向他们的父母传递一个信息，即他们想要哪些东西，要买新的玩具在公共日里玩。第二，有些孩子所带的物品和他们的表现没有新意（"哎哟，不，詹妮你又带那只旧熊来了！"）这一情形产生一种地位层次，至少在某些方面与他们父母的经济来源有关。

总之，这些实例和研究显示出成人的和儿童世界之间文化联系的复杂性。这些联系可能是相互合作的、和谐的、富有建设性的，也可能是消极的。无论如何，孩子的再次调整和成人对这种做法的反应将对儿童和成人文化带来社会性的变革。

第七章　"你不能来参加我的生日派对"

● ● ● ● ● ● ● ● ● ● ● ● ● ● ● ● ●

在儿童文化中的冲突

    在布卢明顿的一个学前学校大扫除时，我观察到3个男孩（马丁、查森和比尔）在埋怨米奇不帮忙。米奇流露出非常不高兴的样子，并说他不再和他们做朋友了。但其他人并没有察觉到米奇的情绪，他们仍在做着扫除。这时，米奇跳了起来，坐在桌子上。他似乎认识到他错了，开始哭了起来，边哭边说："我不会再有朋友了。"比尔和查森试图安慰他，说他们仍然喜欢他，只是对他没帮忙感到恼火。米奇虽然还在哭，但情绪开始好了起来。当我问他是否没事了，他说："是。"扫除结束了，孩子们在回家前又学习了一会儿。

    从上面的例子中我们可以看出，米奇用了"否定友谊"的策略在冲突中赢得了先手。当他被忽视时，他意识到如果他继续的话，他的朋友可能会离开他，这会使米奇感到更加不安。然后，朋友们安慰了他，并告知他们仍然喜欢他，只是对他不帮忙感到恼火。

    孩子们之间的矛盾常常使得大人感到很恼火，但这是儿童文化和孩子们之间关系的一部分。儿童文化的对比研究表明矛盾有助于儿童群体的社会性、有助于发展和加强儿童间的友谊、有助于文化价值的重新认定以及展示儿童自身的发展。诸多矛盾因素（多数是正面的）可在下面的案例中见到。

    儿童之间的交流通常是友善的，但矛盾和冲突也并非少见。孩子们的争吵多数是为了占有和控制玩的性质，争吵玩什么、如何玩（包括友善的争吵）。他们通常发生口角、无意的碰伤以及无缘故的相互侵犯。孩子之间的争吵大多数持续较短的时间，因为看管他们的成人通常会阻止他们。事实上，社会学家伯姆加特纳议员（M. P. Baumgartner）说道：在冲突中孩子们很少相互沟通协商，像那些属于从属地位的人一样，他们屈服于有权势的人，很快就放弃了争吵。然而，在跨文化或从属文化熏陶下的孩子们之间的冲突和争吵却有许多不同的形式，孩子们被赋予了更多的机会来化解自己的冲突，而且他们还常常使用非常复杂的办法来协商化解冲突。让我们对美国的中产阶层、非裔美国人和意大利儿童进行对比。

"我先拥有它的"：中产阶层白人孩子和非洲裔孩子之间的矛盾和冲突

我研究过美国中产阶层白人的孩子们，他们之间最常见的冲突是玩什么和对东西的争夺。这些冲突的时间通常是很短的，范围也不大，仅限于2～3个孩子之间，许多有意的、严肃的、情感的争端常常与友谊相关。对于玩什么的冲突也常常发生，且形式多样，但这些冲突的性质通常是很简单的。

爱丽斯、贝思、维姬3个女孩是伯克利学前学校的学生，她们正在玩扑克。爱丽斯和贝思都想先抓牌。

"不……不！……"贝思说。

"该我了。"爱丽斯反驳道。

"是该她了。"维姬肯定地说。

"该我了，该我了！"爱丽斯坚持道。

"贝思，该轮到她了"维姬重复地说。

然而，贝思没有理睬其他女孩开始抓牌。随后爱丽斯也抓起牌，大家不再争论继续玩扑克。

上述例子的内容相当简单，它仅仅是争论——停止争论。然而，有时对玩什么的争论是相当复杂的，因为孩子们总是要在争论中确立自己的地位。

在伯克利学前学校，瑞塔、丹尼和马丁创造了一幕角色剧，在剧中瑞塔扮演丹尼的母亲，马丁是丹尼的朋友。剧中的情景是：瑞塔正在给丹尼缝裤子，而丹尼正在与马丁玩爬铁架子。丹尼爬得较高，并把身子探出来，一只手握着铁栏杆。

"你会从上面掉下来的，很危险！"瑞塔警告说。

丹尼继续向上爬，没有理睬她。

"会从上面掉下来的，这很危险。你会摔下来的。"瑞塔指责丹尼。

"好。那他也得下来。"丹尼指着马丁说道。

"因为我弟弟从上面摔下来过。"瑞塔在指她兄弟以前出过的事。

"你必须也要马丁下来。"丹尼说道。

"我正告诉他呢，但你像猴子一样挂在栏杆上，你会摔下来的。"瑞塔反驳。

争吵起源于瑞塔，她的角色是母亲，她反对丹尼做危险的游戏。丹尼在反抗，他辩解说马丁也必须一同遵守。瑞塔忽略了这个游戏里还有马丁，她提出了一个很特别的理由让丹尼应该遵守——她的弟弟曾经从门栅上摔下来。无论这个不幸是否真的发生，没人知道，但显然瑞塔在脱离角色剧，显示着自己的地位。丹尼认为既然大家已经在一起玩了，都应遵守规则。实际上，当瑞塔争论说她也参与了的时候，她持有同样的观点，于是她一遍一遍地重复反对丹尼行为的理由（那就是，"它太危险了"）。这个例子很好地演示了这样的作用——争论可以发生在有组织、精心策划的角色剧中。

事物的争论大都有一个简单结构的对立反应，它可以无意识地重复。

芭芭拉和理查德在伯克利学前学校附近的一个街区里玩。理查德从芭芭拉身边拣起一块石头，芭芭拉试图从理查德手中夺走。

"不，不！"芭芭拉说着，为了石块，她和理查德打了起来。

"不，"理查德说。

"我先有它的！"芭芭拉反驳道。

"是我想要的。"

"但是我先有它的！"

"我要的，芭芭拉。"

"我先有那个的。"

"我要它。"

"我先有的！"芭芭拉喊道。

这时，老师走过来劝他们，建议芭芭拉去树荫下拣另外一块石头。芭芭拉很听话，理查德得到了这块有争议的石块。芭芭拉拿着石头回来了，但她似乎对结果不太高兴。

有时"对谁拥有"的争论和"哪儿玩"的争论在孩子们中间进行得很激烈，老师不得不出面干预。但在一些情况下，孩子们自己可以解决，他们用幽默来缓解紧张的气氛。

理查德和丹尼正在学前班游乐室的楼梯上玩布包。约瑟夫和马丁走了过来，站在楼梯的下面。

"走开。"丹尼喊道。

马丁跑开了，约瑟夫走到楼梯的中间，指着他的鞋说："这可是双大鞋。"

"我要打他的眼睛。"理查德对丹尼说。

"我要打你的鼻子。"约瑟夫回复道。

"我可以用大拳头打他。"丹尼对理查德说。

约瑟夫试图回应："我将……"但他的话被打断了。

"我们可以将他打倒在楼梯上。"理查德说。

"我……我可以用枪打你的眼睛。我有枪。"约瑟夫说。

丹尼回答道:"枪,我……即使……"

"我也有枪。"理查德很正式地说。

"我有好多枪。"丹尼说:"我的枪比你的大,啪……啪……"

三个孩子都在嘲笑丹尼说的"啪,啪"。

"快点,走开。"理查德说。

"嘿,"约瑟夫说:"我要告诉你,我可以用枪瞄准你的头,子弹打中你的脸。"

"好呀。"丹尼说。

"我也会打中你的脸。"理查德挑战地说。

丹尼补充:"我的枪也会打中……"

这时戴碧进来了,她说她是蝙蝠侠。她问男孩是否见过罗宾,约瑟夫说他是罗宾,戴碧说她在寻找另一个罗宾,于是就跑开了。随后丹尼和理查德走上楼梯来到了娱乐室,约瑟夫跟着他们。从那时直到扫除开始,3个男孩一直在一起玩儿。

在这个例子里,约瑟夫不畏惧理查德和丹尼的威胁使得他成功地进入了这个游戏小组。事实上,他不怕被拒绝却导致的一系列的威胁,甚至这种威胁会使得大多数成人担忧。随后,理查德和丹尼总是在一起,他们暗中互相支持,告诉对方如何对付约瑟夫。这个小组举动激发了理查德有创造性的比喻,他说约瑟夫将逃走到楼梯就像他们以前玩的逃跑游戏一样。约瑟夫没有屈服这种威胁,他在不断争论,并说他能用枪指着理查德的眼睛。

在这些威胁中,丹尼用了幽默的语调"啪……啪……"约瑟夫也用这种方法,他的枪指向理查德的脸。于是男孩们开始进行身体威胁,但戴碧的到来化解了威胁。她说她在找罗宾,当约瑟夫说他就是罗宾时,戴碧不相信。反之,她说她在找另一个罗宾,迅速地离开了。戴碧离开后,约瑟夫随着理查德和丹尼上了楼梯,和其他孩子一起玩了起来。

虽然戴碧避免了冲突,但相比之下,当其他两个男孩企图不带约瑟夫玩时,他们似乎要打起来。最终,争论并没有阻止男孩子们在一起玩,其实发生口角则促进了他们在一起。虽然人们对孩子们在生气和争吵后仍能在一起玩感到很惊奇,但约瑟夫的坚持和幽默缓解了紧张的气氛,这一点是化解冲突的重要因素。正如我们以前讨论的"显示你会玩"是进入游戏的基础。对于男孩子玩的简单游戏来说,在威胁和冲突中显示出坚强、坚定就可能导致联合。

在我们目前看到的例子中,白人中产阶层的孩子在玩中很注意语言的表达,注重逻辑性以确立和捍卫他们自己的地位，并且试图使得冲突不至于太感情化。这样，我们可以看到温和的冲突在儿童文化中占据重要地位。正如我们在第三章和本章开始看到的，孩子们常常就友谊的问题进行争论。这种争论经常变得感情用事，特别是当他们发现自己最好的朋友也卷进来时。在其他例子中，冲突就没那么紧张，因为孩子们试图操纵或控制他们朋友的行为而不是直接地强调友谊。

在我曾经研究的布卢明顿地区的一所学前学校，3 个女孩露丝、雪莉和维基正坐在一个桌子旁。她们正在翻阅商店的商品目录，并打算选择一些商品剪下来贴在一张纸上做贴画。女孩们决定将一些商品定为"女孩用品"，另一些定为"讨厌的男孩用品"。活动刚开始不久，另一个女孩芭姬来到了桌子旁，并站在雪莉的后面。

"我不想要那个睡床，它不会说话。"雪莉指着目录中的一个睡床的图片说道。

"我们要的东西都是漂亮的东西。"露丝说。

芭姬第一次说话："如果你们要来参加我的生日晚会，你们必须听我的。"

"要是这样，"露丝回答："那我们就不去了。"

没注意到露丝的拒绝，芭姬继续说："学校全体女生都被邀请了。雪莉，是每个女生呀。我将贴出一个横幅：不允许男生参加。"

"好，好！……我恨男生。"维基回答道。

"你们不能做想要做的事——你们应该听从我的指挥。"芭姬宣布。

"那我们就不去了。"雪莉突然说。

"是呀，但是问题是我们剪下了所有作为你生日礼物的东西，那我们就算白做了。我们不去了！"

芭姬没理睬这个最后的回应，这时出现片刻的安静，随后露丝说："我有一个圣诞节礼品目录，我已经找出一堆东西可做我的生日礼物。"

"我也是。"维基说。

雪莉正在其中一个目录上折角，标记男士用品。"嗨，这是男孩用的。'讨厌'的男孩用品！"

"是呀，别看男孩用品了。"维基说。

"快看这个可爱的小兔子，"雪莉发出可爱的声音。

这时，芭姬没出声从桌子旁走开了。其他的女孩似乎没有注意到芭姬的离开，她们继续谈论着，从目录中剪下商品，这样持续了十多分钟直到大扫除开始。

在这个复杂的情景中，4 个女孩在浏览目录挑出图片来表明她们的性别。

事实上，女孩们通过赞扬女孩用品和谴责"讨厌的男孩用品"来加强她们的团结。然而，芭姬不喜欢直白的表达方式。她进入了同伴的谈话，她表示如果其他的女孩都参加她的生日聚会，她们必须得听她的。但是，参加她的生日并听她的指挥是不可能的，所以其他女孩都不想参加了。最后，她们通过吵架得到了许可，这对女孩来说是很少有的方式。

那芭姬怎样呢？芭姬希望维姬和雪莉参加她的生日聚会，她经常和她们在一起玩，已经是最好的朋友了。但露丝（不是友好小组的成员）首先拒绝了芭姬，她不喜欢芭姬在生日聚会上控制别人，她说："那我就不去了。"

芭姬没理睬露丝，她将生日聚会的讨论扩大到不许带男孩参加，只邀请女孩，她甚至贴出一个告示："不许男生参加！"。这种现象与其他女孩在目录中蔑视男孩商品的情形紧密相连。维姬热情地支持不带男孩参加。在这种支持下，芭姬又贴出一个告示："女孩们不能做她们要做的事——她们应该听从我的指挥。"芭姬很清楚地表明：要么是朋友，要么就不是朋友。但雪莉却没意识到这一点，她将整个事情简化了，她说"那我们就不去了。"露丝很快地同意了，她很想与雪莉和维姬建立良好的关系，并说："是呀，但是问题是我们剪下了所有作为你生日礼物的东西，那我们就算白做了。"

当然，女孩们没有讨论为芭姬的聚会挑选礼物。但应露丝的要求他们一直在聊天（她们只能这样做），并且这使得芭姬加入她们一起玩的想法彻底破灭了。芭姬认识到自己没戏和她们在一起玩了，很快就离开了。

虽然女孩们似乎很认真地接受了芭姬生日聚会的建议，但她们怀疑在学校是否真的存在只有女生参加的生日聚会。在学校里，通常是所有的学生都会被邀请参加生日聚会的。事实上，两个月前，芭姬举行了她的生日聚会，邀请了所有的孩子参加。女孩们在一起的对话表明了她们之间的友好关系，芭姬看到她与雪莉和维姬的友谊受到露丝的威胁。于是，她试图掌控朋友，提出"我们不喜欢男生"这样的思想，但是这未免太离谱。最后，她没能加强小组的团结，反而增添了裂痕，她被拒绝在外（至少是一段时间），露丝却变得更加积极了。这个案例非常像在本章开始讲到的米奇案例，企图掌控朋友一定会影响长久的团结。

"耶稣比每个人都大？"发生在非洲裔美国孩子中的矛盾和冲突

以白人中产阶层的观点来看，我在印第安纳波利斯头脑领先计划中心观察到的非洲裔美国孩子可能有些粗鲁和具有挑战性。这些孩子可能比白人中产阶层的孩子更爱在冲突中进行推搡等动作，尤其是在排队上厕所或户外游戏等类似的活动中喜欢往前挤。在一定程度上教师容忍了这种粗鲁的行为，他们认为在上厕所或户外活动中谁排在前面是无关紧要的。但是，当这些孩子太粗鲁时，教师就会管他们，批评他们这种不良行为，并警告他们要找他们的家长，对这些孩子进行严重的警告，才会体现出老师的权威。

我们在第一章中讨论过了，非洲裔美国孩子经常愿意"说反话"。这种挑衅的话或玩笑时常出现在取笑和侮辱别人的时候，这很类似与青春期前后的非洲裔美国孩子的行为。还有些例子表明，取笑和"说反话"都出现在对玩什么和对玩具拥有的冲突中。下面是一个对玩什么冲突的例子。

在印第安纳波利斯头脑领先计划中心，帕姆和博塔在玩沙箱，用沙土制作各种"派"和"蛋糕"。

帕姆告诉博塔，"不要用这个小勺子，用那个大的。"

"好的，"博塔拿起了大勺子。

女孩们将沙子放进各种锅和盆里，等了一会儿，博塔说，"怎么了，帕姆，蛋糕上的糖太多了！"

"不，不多，"帕姆说。

"我说就是多了，"博塔回答。

这个游戏在这种来回争吵中进行了大约 20 分钟。其实，女孩们似乎也不愿意说服其他人，也不愿意得罪对方。冲突和争吵增加游戏了乐趣，她们都感到很高兴。

第二例子是关于两个非洲裔美国孩子在伯克利学前学校发生的冲突。冲突很严重，涉及对玩具的拥有和使用。

丹尼尔和汤米正在往一块木板上钉钉子。他们站在椅子上用锤子往一个书架顶上钉钉子，他们正在为我们在第四章中说过的"皮影戏"做准备。我和一些孩子坐在书架的前面，等着皮影戏开始。丹尼尔很快干完走开了。他回来时，他看到地板上有一块木板，汤米还在钉架子上的其他木板。

"你怎么还在……"丹尼尔说着，他停住了盯着地板上的这块木板。"嘿，我的木板呢？汤米，这是我的木板，"说着，丹尼尔抓着汤米正在钉的木板，"去钉你的木板。"

汤米往下看了看，看到了地上的木板，"我的木板在地上？"汤米反问道，"那是你的！"

这时，两个男孩蹲下，仔细看地上的木板。

汤米从地上拾起这块木板，说，"这不是我钉的。"

"不是你钉的，那是谁钉的？"丹尼尔问道。

"我钉你的了吗?"汤米问,"不可能,我一直在这儿钉……"

"那是我的,"丹尼尔坚持说, "我一直在这儿钉,那才是你的呢,不是吗?"

孩子们返回,站到椅子上,丹尼尔将架子上的木板拉到他前面。"这是我的。你拿你自己的去。这是我的,你拿你自己的去。"

汤米返回来,仔细看着地上的木板。他摇摇头,但他还是决定钉这块。

"好。"丹尼尔说

丹尼尔使用留在架子上的木板回应了汤米,声称这块木板是他的。他要求汤米去拿地上属于他自己的木板。汤米否认那是他的木板,但不是用简单的方式(例如:说"它不是!")。相反,他使用了修辞的手法问道:"我的木板是在地上吗?"接着,他否认:"那个是你的。"这时,汤米的话很典型,开头的部分(修辞手法)是人类学家古德温所说的"预先不同意"。换句话说,它是一个语言元素预示着即将到来的不同意,在上述例子中就是:"那才是你的呢。"这种典型的不同意的方式不仅是复杂的,而且还以扩大的方式加重了争论和矛盾,或者说这就是古德温博士所说的"加重"了它们。古德温博士发现"加重"的争论在黑人儿童中很普遍。

丹尼尔用他自己的方式也使用了典型的"预先不同意"的对话——"不是你钉的?"(另一种修辞方法)——接着就是挑战:"那是谁的?"这种挑战是对汤米否认的回应。如果汤米没钉地上的木板,还能是谁呢?丹尼尔否认地上的木板是他自己的。汤米用另一种"预先不同意"回应("我钉你的了吗?"),紧接着他就否认,并想说出原因。然而,丹尼尔在汤米说出原因之前打断了他,并再次声称架子上的木板是自己的,于是用强调问句的形式强调自己的理由("我一直在这儿钉,那才是你的呢,不是吗?")。强调问句与"预先不同意"进行对比,它具有超前性,并告诉人们一种信息:"我将不同意你。"在这种句型中的"吗?""好吗?"或"明白吗?"(后面还有讨论)告诉听话者要反馈所说的话,因为它是对的。最后,汤米似乎厌倦了争论,同意使用地上的木板。

除了在简单的交流和争论中出现典型的相互对立的对话外,非洲裔孩子喜欢群体争论。这些争论源于他们之间的冲突,一个或更多的孩子反对另一个孩子的观点或意见。

虽然在非洲裔孩子中群体争论的缘由常常是相互竞争,但争论本身展示了孩子们对世界的认识,展示了他们自己的竞争意识和想加强群体的团结。

在印第安纳波利斯头脑领先计划中心,一些孩子(罗杰、约米、达仁、安琪、瑞恩、奥丽莎和兹那)在同一个桌子上吃午饭。我和他们坐在一起吃,老师则坐在旁边的桌子上吃,班上的其他同学分别坐在其他两张桌子上吃饭。罗杰和约米是好朋友，他们常常用自己掌握的知识、技能和对事物的认识进行争论。这些争论激发了群体的讨论。下面就是这样的例子。

"在《硬拷贝》（一部美国的电视节目）中，我看见一个人在脑后头发上刻上子弹。"罗杰说。

"我想……我想在脑后刻上'硬拷贝'。"约米回复说。

"你不能在脑后刻这个字。"罗杰反驳道。

"好（不作声，想换另外的字），在脑后。"约米说。

"这个也不能刻。"

"不，我能。"

"呜……"

在他们交流的同时，其他孩子在桌子上也在进行谈话。很难用笔记录下罗杰和约米的讨论，我只好进行了录像。罗杰用了一个他看过的电视节目《硬拷贝》开始谈话，这是一个热的电视节目，大家都喜欢谈论它。约米回答说："我的后脑很坚硬"，这清楚地表明他与罗杰争论的开始。这似乎是很牵强的，但那个时候在非洲裔美国人社团中，当年幼的男孩子剪头时，他们将一些文字刻在脑后（通常是孩子的名字和乳名），这是一种习俗。其实，约米想将他的小名刻在脑后。然而，罗杰否认了约米的断言，他认为这个词组太长了以至于无法刻在头发上。于是，约米提出刻另外的字，但罗杰拒绝了这个词。在这点上，男孩子们开始谈论其他的他们看过的节目，并且约米又说了一个电视剧，但由于饭桌上太吵，都没听见。这时，大家安静了许多，只有约米和罗杰在说话。他们继续他们的争论，但不久以后，其他的孩子们也参加进来了。

"它（指这个电视节目）每天晚上都播出。"约米说，

"我们有这个频道，但我们调不出来了。"罗杰说："我们有 80 个频道，我们有这个频道，但是当我们想看这个频道时，却调不出来。它是什么频道？"

"HBO，"约米回答道。

"我们可以看 HBO。"罗杰说。

"它是有线电视频道。"约米说。

"我们有有线电视。"罗杰说。

"我们也有，真的。"齐娜说。

"我们也有。"瑞恩说。

"我们也有。"达仁说。

在上述的讨论中，约米和罗杰转向了争论他们能收到什么电视节目。话题从一般的争论转移到对一个特定已经解决的问题进行争论。罗杰转移了方向，他争论说他们能收 80 个电视频道（在争论开始时夸大了其辞）；因此，这似乎

是不可能的，约米谈论的电视节目真的在电视上播过。罗杰用说出频道的名字来结束对约米的挑战。约米说它在 HBO 频道上播出。罗杰回复说他们也能看到 HBO。他的话说明这个节目不在这个频道上播出，因为如果它播出了，他们一定已经看到了。约米说这个节目是在有线电视上播出，但是由于 HBO 就是有线电视，所以这个声明是多余的或约米糊涂了。罗杰再次简单地回答说他们有有线电视。在相互交流中，罗杰不断地反对约米主张的事实和逻辑，并展示了认识的复杂性，以至产生了竞争的对话。

约米能够逃出罗杰的质问是因为提到了有线电视将争论的谈话转到了群体讨论。一些孩子（齐娜、瑞恩和达仁）也进入了关于有线电视的话题。齐娜对争论非常感兴趣，她说："我们有有线电视，真的。"齐娜出生于一个很贫穷的家庭，她和她妈妈和姐姐住在一个无家可归的人居住的简陋的房子。然而，这样的简易住所也接上了有线电视。这可能是齐娜为什么在说话中特意加上"真的"来强调一下。从中我们可以看出孩子们个人的背景和经历变成了群体争论的一部分。现在我们将继续孩子们的争论，谁有最大的有线电视。

"我有最大的有线电视。我有最大的有线电视。"罗杰挑战地说。

"我想所有的有线电视都是相同的。"老师说。

"我也这样认为。"我笑着说。

"它们不一样。"约米说。于是，他将一只手轻轻地放在桌子下，另一只手举过头的上方，说："我的有线电视这么大。"

"不会吧。"齐娜不同意。

"我的有线电视这么大。"罗杰边说，边用双手比划出 2 英尺长。

"耶稣比每个人都大"爱丽莎说。

"我，我的有线电视这么大。"达仁说着，用手在桌子上方比划超出 2 英尺。

"马温的头比别人的大。"齐娜在取笑另外桌上的男孩。

"我比耶稣大，"约米回复爱丽莎。

"不，"爱丽莎说："耶稣的比其他人都大。"

"我堂兄就比耶稣大。我堂兄是很大的。"约米说着，将两个手拉得很远。

"但是他不这样做。"爱丽莎说着，将手从桌子上拉得很远，"他（耶稣）是这样大。"

"我堂兄是这样大。"约米说着，他将手高举伸过爱丽莎的手。

"爱丽莎，"老师说，"你可以过来喝今天的牛奶了。"

"他的是这样大。"安德列好像是第一次讲话。他的手伸得比约米还高。

"谁？谁？"约米问。

"耶稣。"安德列回答到。

关于有线电视的谈话导致了罗杰声称他有"最大的有线电视",促使老师和我评论说有线电视是一样大的。然而,约米不同意承认的观点,关于有线电视大小的谈话在继续,孩子在争论。当约米和罗杰说完,并用手比划完有线电视大小后,爱丽莎开始了第一次讲话。她也参加了关于有线电视大小的竞争谈话,并争论道:"耶稣的比别人的都大。"

爱丽莎说话很轻,她不知道是否有其他人能听到她的话。一些孩子讲完以后,约米声称他的比耶稣的大。爱丽莎出生于一个大家庭,我从和她母亲的谈话中得知,她家没有有线电视。其实,爱丽莎是头脑领先计划中最没有什么优势的家庭之一。她和父母住在一起,父亲每天上班,但她父亲收入甚微,她家有 6 个兄弟姐妹,最大的只有 7 岁。

由于没有有线电视,在关于争论看有线电视节目爱丽莎一直保持沉默。然而,当讨论话题转向电视的大小和谁有最大的有线电视时,爱丽莎看到了参与的机会,并抓住了它。爱丽莎的家庭是严格信奉宗教的。她的父亲在一家宗教电台工作,每周他们家都要参加多次宗教仪式。爱丽莎的父母非常积极参加教堂活动,担任一些重要和花费时间的职位。于是,当讨论到谁有最大的有线电视时,凭借爱丽莎宗教背景,她轻声并坚定地说:"耶稣的比每个人的都大。"

在爱丽莎说出自己决定的同时,其他的孩子也谈论。在回答约米和罗杰时,达仁将他的手伸向桌子的上方,并说他的有线电视像这样大。齐娜企图用什么是最大的东西的谈话来取笑在另外桌子上吃饭的马温,取笑"他的头比其他人都大。"这种跨桌之间的玩笑在吃午饭时是经常发生的,但马温没有理睬齐娜,这个玩笑就停止了。这时,安静下来了,约米向爱丽莎挑战,说:"我的比耶稣的大。"这一挑战促使爱丽莎进入了争论,她立即重复了她以前的断言"耶稣的比任何人的都大"。

爱丽莎所讲的话是与她的宗教信仰有关,她相信耶稣是什么都知道的、最有能力的。这时,原本轻松的关于有线电视大小的争论变得很严肃了。然而,约米断定他堂兄的比耶稣的大的论断很显然是不严肃的。爱丽莎处于很严肃的状态,她怀疑约米的堂兄,并争论到约米的堂兄不可能达到耶稣这么大。

老师想要爱丽莎在吃午饭时有所进步,把她从讨论中拉了出来。然而,安琪第一次说话,替爱丽莎说话,他断定耶稣的确是最大的。讨论很快就结束了,这时老师让学生打扫自己的卫生区,并准备刷牙。

这个发生在头脑领先计划中心日常生活中儿童相互争论的例子是很典型的。参与这种竞争谈话可确立儿童群体特征,与此同时,为孩子们提供展示他们个人知识和兴趣的机会。总之,被许多中产阶级白人认为是负面的、有害的相互对立的谈话,在头脑领先计划儿童文化中有许多积极的特性。相互对立的谈话

（简言之，是一种双向的交流和群体的争论）戏剧性地表现了日常的交流，提供给孩子们一个确定、挑战、重新确定他们的社会身份和在群体中的位置。

"对我来说这个弗兰克对每件事物只知道一点"：在意大利孩子中的矛盾和冲突

在博洛尼亚学前学校，卡罗和帕欧罗正在用乐高玩具搭建一个城堡。在游戏中，他们不小心将阿尔伯特以前搭建的城堡弄坏了。

"怎么啦？"阿尔伯特问。

"不知道。"帕欧罗说。

"你不知道吗？这是灾难呀！"阿尔伯特说。

"是卡罗的错，"帕欧罗边说边指责他的朋友。

"不，这不对，"卡罗否认道："是帕欧罗的错。"

一个叫斯特法诺的男孩正在附近和其他孩子们在玩，他走了过来对阿尔伯特说："这是卡罗和帕欧罗的错，明白了吗？"

"是的，是的。明白了。"阿尔伯特说道，并点头同意斯特法诺的话，随后他开始捡起破损的城堡碎片。

在博洛尼亚学前学校，在我的观察中，使我印象最深刻的东西就是在同伴文化中争端和冲突的复杂性。例如：卡罗和帕欧罗无意中将阿尔伯特的搭建屋弄坏了。当阿尔伯特转过来看到他倒塌的"城堡"时，他没有向老师告状，我观察到这种做法在大多数美国中产阶级的孩子中间十分普遍。阿尔伯特也没有直接指责卡罗和帕欧罗。相反他仅仅是询问发生了什么。帕欧罗首先说不知道，卡罗说与他无关。没人注意到这个"灾难"是如何发生的吗？意识到沉默不起作用，帕欧罗先一步说话，然后是与卡罗相互指责、不承认。这时，第三方斯特法诺进入了争端。在意大利儿童的争端中，这种第三方加入是非常普遍的，但很少发生在美国白人中产阶级的孩子中。斯特法诺看到了发生的一切，无意中听到了这场争端，他告诉帕欧罗和卡罗两个人都有责任，并用一句经常在意大利孩子们争端时说的口头禅结束他的话语（"明白了吗？"），以便向阿尔伯特强调他对这件事的看法。阿尔伯特很快地接受了斯特法诺的解释，将它当成"事实"，以前他曾表示怀疑。

在这儿，孩子们所做的是参与了一个可争论的事件（破坏了一个孩子的玩具搭建），并将它转入了意大利人认为的话题争论。在这样的争论中，孩子们的处世方式比事件本身的解决更为重要。

发生在意大利学前孩子中的争论和唱《坎蒂列那》①

意大利孩子有时喜欢对玩什么或玩的东西这样简单的问题进行争论，同时，他们也经常对知识、信仰或思想这样较复杂的问题进行争论。让我们看看下面这3个意大利孩子复杂冲突的例子。我们从3个孩子较长的争论中选取一些片段（这3个孩子是丹塔、马罗和恩佐，他们大约都是6岁，是在博洛尼亚学前学校上最后一年。我们在第三章中讨论过他们）。孩子们刚刚玩完木板游戏，他们在商量玩一个新游戏。丹塔建议玩 Clipo（一种拼图积木，特别是可用来搭建宇宙飞船或其他物体）。马罗和恩佐马上就拒绝了这个建议，接着争论就发生了。首先是围绕着玩 Clipo 展开，因为搭建东西是丹塔的特长。恩佐知道丹塔的确能用 Clipo 搭建漂亮的东西，但争论发生是因为丹塔家里有 Clipo。因此，当丹塔看到卡通的宇宙飞船时，他就能够搭建它。丹塔拒绝解释他有这个特长，这时在儿童文化中争论就发生了变化，这种现象常常发生在孩子们离开学前学校升入小学这阶段。

"是呀，"恩佐说："但是当你玩腻了 Clipo 后你就明白了，知道吗，丹塔？"

"不，这不会发生。"丹塔否认道。

"我想和你打赌，我是对的，"恩佐说："当你20岁，你能写作了，你就不需要 Clipo，你将不再需要这些小玩具。"

"我知道，恩佐，"丹塔说："但是我真的会搭宇宙飞船……"

"你应该说，"恩佐打断了丹塔的话："Clipo，Clipo 是傻瓜！如果你知道 Clipo 也上电视的话，它就不是好东西。"

在这部分讨论中，对话从 Clipo 搭建技巧转移到对儿童文化活动特色的一般评价。在一系列的转换中，恩佐熟练地分解了丹塔对 Clipo 的特长的重要性，并争论到这项活动是儿童的喜爱，当他们长大了就不再玩了。

我们认为恩佐看到的是将来，他争论到现在的游戏和玩具与将来的活动比起来显得很无足轻重。虽然恩佐高估了儿童需要学会写东西的时间，但是他意识到写东西应从小学开始，写作和其他技能的认知是与儿童时玩的 Clipo 游戏有关系，即使这种游戏被认为很简单和无聊的。简言之，恩佐正在告诉丹塔为了维护小组的友谊，有必要看到将来，而不是仅与现在的儿童活动相连。

---

① cantilena（意大利语，原意是：小歌）①坎蒂列那。抒情而富于歌唱性的歌曲。器乐曲中具有上述风格的乐句或片断；②指乐曲中最上面的声部或主旋律声部；③指要演奏得连贯流畅和富于歌唱性。有时用作 cantabile 的同义词。

　　在另一段讨论中，丹塔一直在作最后的努力坚持自己的立场与恩佐和马瑞欧争论。

　　"真的因为，听着，"丹塔乞求道："我总是玩 Clipo 来搭建宇宙飞船，看它是如何搭好的，看看是否能制造出来。当我长大了，我就真的能做这项我喜欢的工作，因为……"

　　恩佐同意道："是的，但是你首先应该练习做这些东西。如果你不知道如何去做，你将无法为自己选择一项工作。"

　　丹塔的争论是复杂的。首先，他用一个典型的话"真的因为，听着"获得了发言权。在意大利成年人和儿童的谈论对话中，为了获得话题权或对前面其他人的话题表示不赞成，人们通常使用这种话语来引起他人的注意。丹塔继续表示他的确用 Clipo 玩具来搭建宇宙飞船，但是他表明他这样做是为了看看他们是否能搭建出来，看看是否有建造宇宙飞船的能力。最后一段表明丹塔将他搭建的玩具宇宙飞船与将来复杂的工程设计联系起来。简言之，丹塔试图将他参加的儿童文化与将来成人的活动联系起来。这种有意的连接具有很高的创造性，他争论说工程师的工作要从模型开始，但所有用 Clipo 搭建的东西并非与那些模型相同。

　　恩佐迅速地打断了丹塔的话，并争论说不可能如此容易地选择一种职业，选择职业需要锻炼和实践。再次让我们看到，男孩们对社会化进程的认知是惊人的。恩佐似乎在说，丹塔将学龄前儿童文化活动与成人职业联系起来将是一个飞跃，但实际上职业的社会化要比他想象的复杂得多。

　　在博洛尼亚学前学校的第二个争论的例子中，两个女孩（露伊莎和艾米拉）和两个男孩（方可和斯蒂凡诺）正在玩搭建游戏。他们已经建造了一座城市，接下来，每个孩子都要搭建一个新的建筑物。这些孩子以前曾在一起玩过，两个男孩还经常在一起玩，视为好友。虽然露伊莎和艾米拉不是特别好的朋友，但当男孩们取笑露伊莎，称她为 Genoveffa（意思是不吸引人的女孩；Genoveffa 是灰姑娘同父异母的姊妹之一的名字）时，艾米拉上前来保护她。艾米拉乐于在争论中对付男孩，这种争论涉及孩子们对特定事实的争论，包括我的录音麦克风是如何录下讨论的。事实上，关于麦克风他们进行了以下的交流。

　　"比尔，喂，比尔，"斯蒂凡诺对着麦克风说。

　　"你在说什么呢，"艾米拉责备地说："只有比尔吗？"

　　"你在说，'喂，比尔'。"斯蒂凡诺回答。

　　"你在说比尔坏话吗？"方可嘲笑着对艾米拉说。

　　"闭嘴，方可！"露伊莎说。

　　"闭嘴，Genoveffa，"方可反驳道。

"你说的话正在被录音的，你知道吗，方可？"斯蒂凡诺小心地说。

"你知道它（似乎是指麦克风）会吃每件事情吗？"方可说。

"是的，它会吃 Genoveffa。它能吃每样东西？"斯蒂凡诺说。

"当然，但是，以后——"艾米拉开始说话了。

"如果你不停止的话，"方可打断了艾米拉的话："麦克风会吃了你，因为你说得太多了。"

"但是，对不起，"艾米拉回答说："如果我们必须说，我们将怎么办？我们要变成哑巴吗？"

"当然，"方可说："我们要保持沉默，行吗？"

"对我来说，"艾米拉观察说："这个方可对每件事情都知道一些。"

"对我来说，"方可说："我们需要做一个蛋糕。"

对麦克风的争论发生在艾米拉斥责斯蒂凡诺简单地说"比尔"的时候。艾米拉接过话题很有风格，她机智有效地阐述了她的观点。她用一个反问开始（"你在说什么？"），然后重复了斯蒂凡诺的话，用副词"只有"修饰"比尔"。艾米拉首先引起人们的注意，然后嘲笑斯蒂凡诺的行为。

斯蒂凡诺用一个微弱的反击对艾米拉的话进行了回复。方可使用俚语进入了对话，他指责艾米拉"在说比尔的坏话"，或跟我套近乎，这使得露伊莎让他住嘴。斯蒂凡诺小心地告诉方可，提醒方可他们所说的话会被录音的。这种谨慎没有左右方可，他对麦克风能吃东西做了很傻的评论。于是，他继续插话指责艾米拉说得太多了。

方可建议停止了说话，因为艾米拉机智地回复他的话。当时，艾米拉首先用一个真诚的道歉（"但是，对不起。"）引起人们对她回复的关注。随后，她指出了方可争论的荒谬，他们说得太多了，当他们想要说什么的时候，最好保持沉默。方可表示同意他们应该保持沉默。他发出声响似乎他说得不合适了。

艾米拉嘲笑方可的傻样，说方可是那种万事通的人。她使用了短语"对我来说"开始，这与后来方可对她的态度有联系。这句短语暗示艾米拉是一个很有逻辑和头脑清楚的人。于是，这里策略地使用了指示形容词"这个"来修饰"方可"。使用这种方式，指示形容词将使方可失去了个性，使得他随后成为了否定的性格。

最终，否定是间接的，这意味着"一个人知道很少的东西"，实际上是"什么都知道的不多"。方可自己也证实了这一点，接着艾米拉的话，他说"对我来说"什么事都没做成，除了建议他们"做一个蛋糕"。

这个例子告诉人们男孩子们通过取笑露伊莎来加强他们的友谊的计划是如何开展的，但同时也展示了艾米拉在争论中的技巧。艾米拉在争论中抓住机会展示了她的语言天赋，救了露伊莎，并使方可和斯蒂凡诺感到惊讶。

最后一个博洛尼亚孩子们争论的例子与在接受头脑领先计划的孩子们中"谁家的有线电视最大"的争论相似。一群孩子（萨拉、方可、吉欧维娜、尼诺和露吉）正围着一个桌子画画。他们在随意画，孩子们可以画他们想画的东西。在这群接受头脑领先计划的孩子们中，讨论是由两个孩子的争论开始，最终，将这组孩子都拖了进去。

方可画了一幅画，说这是一棵"外星树"。萨拉摆手说："它们不存在。"方可坚持说它们存在。过了一会儿，方可画了一只他认为的狼或是一只很坏的狼。再次，萨拉挑衅方可说："狼是不存在的。"

"不对，狼是存在的。"吉欧维娜说。

"它们不存在，"萨拉反驳道："只有它们的骨头。"

"不对，"方可争辩道："狼的确存在。"

"是，存在。"露吉同意。

"它们不存在，"萨拉坚持说："它们只生活在山里。"

这时，正在另外桌子上画画的男孩帕欧罗挥动着他的画笔说："这是真的，狼是存在的!"

萨拉用手在推开帕欧罗，说："你不是我们这组的。"

方可显然很生气，用手指着萨拉的胸，说："你才不是这组的呢，因为……"

萨拉也指着方可，并打断了他的话："你……"

"你说我不是这组的，"方可用手推开了萨拉指着他的手指，并打断她的话："狼是存在的!"

"不，它们不存在!"萨拉坚定地说。

帕欧罗没有被萨拉推开，他站在萨拉和方可之间，说："鬼才不存在呢。"

"是的，"方可说。

"鬼……"露吉开始说话了。

"是呀，"方可插话道，"鬼不存在。"

"当然，它们不存在。"萨拉同意。

"不，"方可，现在改变了他的说法："不，鬼是存在的，它们生活在……"

"它们生活在森林里，"尼诺插话说。

"不对，"方可说："鬼生存在海底的房子里……"

"在废弃的房子里，"帕欧罗帮着方可完成他的话。

"是的，"方可说："在水下的房子里。"

"在黑黑的房子里，"萨拉哼着孩子们叫做《坎蒂列那》（Cantilena）的曲子。她一边唱《坎蒂列那》，一边拍着手说："它们待在黑处。"

"是的，这是真的，"帕欧罗同意地唱着。

"在海底，很黑暗，"方可唱道。

"是，是真的，"尼诺哼着。

"在海底……它们去那里。"萨拉哼着。

露吉用画笔碰了一下手，唱着"不，螃蟹也去那里。"

"潜水艇去那里，"方可唱着。

"鲨鱼也去，鲨鱼也去。"尼诺边唱，边拍手。

这时，孩子们马上开始谈论起来，《坎蒂列那》曲子哼唱完了，关于狼和鬼的讨论也结束了。

这个例子包含了意大利式讨论，具有丰富的戏剧特色，开始了一个没有结果的争论：外星树可能存在。当萨拉否定这样的树存在时，她和方可的争论开始了。随后，方可画了一只狼，萨拉坚持说狼也不存在。吉欧维娜站在方可一边，说狼是存在的。于是，萨拉退了一步，说只有狼骨存在。随着争论的发展，萨拉暗示狼可能在过去存在。

这时，一些孩子加入了这个讨论，包括帕欧罗，他没有和其他孩子一起在一个桌子上画画。当时，帕欧罗正在房间的另一处画画，他拿着画笔走了过来。他站在萨拉和方可之间，争论说狼的确存在。萨拉做了意大利式讨论中没有发生过的情形，她试图推开帕欧罗。她向他挥手，告诉帕欧罗这场争论"不关他的事"。方可立即用同样的方式向萨拉挑战，用手指着她的胸。用这种方式，方可在挑战萨拉的暴力，这是意大利式讨论的基本规则：每个人都有权利参加任何讨论。萨拉推开方可的手，并试图反驳方可。但方可说："你是谁？你说我不是这组的吗！"于是，他继续争论说狼是存在的。

帕欧罗成了完全的参与者，他提出了新的话题：鬼是不存在的。方可开始同意这个说法，但也许当萨拉也同意鬼是不存在时，方可改变了他的想法。这时，对鬼的争论开始了，鬼在哪儿（在森林里、在废弃的房子里、最终认为是在海底废弃的房子里）。还不清楚孩子们为什么提出关于鬼的想法——也许是从他们读的故事或从看的卡通片或电影中受到启发的。但清楚的是，随着帕欧罗最后接过方可的话，孩子们才能够一起进行这样的讨论。

完成了"鬼生活在海底废弃的房子里"的讨论后，萨拉开始谈论《坎蒂列那》，这是一首孩子们经常在讨论中哼唱的曲子。萨拉谈论《坎蒂列那》给人留下很深的印象，因为它有三个独立段，产生了升调和降调，每个音调都包含了前面讨论的东西（鬼、黑房子、海底的鬼）。如果没有听到过，人们不可能欣赏《坎蒂列那》的音调特色。在当时，美国的孩子也有相似的东西，例如：

"我爸比你爸大!"。这种语言的游戏是很难相互理解的。《坎蒂列那》就更复杂,没有什么特定的和可预测的口头语。因此,孩子们不得不将这种持续的讨论融入《坎蒂列那》的结构要求。

例如,为了保持唱歌的音调,有必要创造至少4个音节为一小节,孩子们还必须很快地说出一些相应长度的话,以适应持续的讨论。创造一些带有新信息的长话题是有难度的。人们必须迅速想起一些较长的话题进行讨论,类似于萨拉说的是很受同伴的欣赏的。另一方面,较少人的参与保持了《坎蒂列那》讨论的继续,也使得它很有价值。例如,帕欧罗唱《坎蒂列那》["是的,这是真的,"(Eh,e vero)]就证明这一点,因为他将"Eh"放在"e vero"前,提供足够起作用的音节。

帕欧罗回应后,方可、尼诺和露吉在谈论中都用了《坎蒂列那》。他们以示同意或不同意,并精炼了以前所提到的信息(它是在海底)或增加新的信息(在海底还有其他的东西,如螃蟹、潜水艇和鲨鱼)。

在谈论《坎蒂列那》中,最重要的是儿童文化里存有共享因素,也就是说,孩子们意识到他们使用《坎蒂列那》使得谈论更加戏剧化,充满活力。其实,孩子们经常唱《坎蒂列那》,有时会激怒父母和老师,他们不鼓励孩子们唱《坎蒂列那》("不要唱《坎蒂列那》!")。很有趣的是,在博洛尼亚学前学校的家庭剧中,装扮成父亲、母亲,兄弟姐妹或老师的孩子经常使用这个命令。用这种方式,孩子们将成人不赞成的反应带到了他们哼唱的《坎蒂列那》中去,并植根在孩子们共享的文化中。我们再次看到了儿童日常游戏可以用来挑战成人的权威。

在意大利学前儿童中的相互沟通和友好

早期,我注意到一些研究人员说孩子们的矛盾和争端很少是通过他们自己相互沟通来解决的,因为成人很快会干预孩子们的冲突。在大多数情况下,成人的干预影响了孩子们自己解决问题,因为成人比孩子强大得多。在许多案例中,孩子们对问题的解决并非满意,但通常他们还是接受了,并继续玩下去。

然而,我发现当看到孩子们发生冲突时,实施头脑领先计划的老师和意大利学前学校的老师要比布卢明顿和伯克利中产阶级学校的老师要干预得少。因此,孩子们的争论会持续较长时间,情况更为复杂,经常从2~3个孩子的口角发展成为一群孩子的争论。在本章中这群孩子们的争论就是一个例子,最初的争论并非被清楚地解决。然而,任何严重的冲突最终都会烟消云散,孩子们更喜欢普通的讨论,在讨论中他们可以展示自己的经历,历练他们的争论技能。

在意大利的莫德那学前学校，有许多像前面描述的小组讨论的例子。孩子们的讨论还涉及一些较严肃的话题；一些无意听到争论的孩子却努力想和平相处与其他孩子达成一致意见。记住莫德那的孩子们已经与同一个老师在同一小组学习 3 年了，他们十分努力想保护小组的尊严，正如我们在第三章中看到的，孩子们花费了大量的时间和精力将两个发生严重争论的孩子撮合在一起。

虽然莫德那的孩子很重视讨论或争论，但他们经常努力解决争端达成和解。下面是一个很好的达成和解的例子，我帮了忙，但不是由于我的智慧和沟通技巧，而是我的身高。

关于头发的争论

玛瑞娜和桑德拉正在玩洋娃娃，桑德拉坚持说其中一个有较少头发的洋娃娃（像婴儿）是个男孩，因为他是短发。玛瑞娜不同意，她说婴儿无论是男孩还是女孩都是短发。桑德拉再次争论道，只有男婴才留短发。孩子们过来加入了她们的讨论。一些孩子赞同玛瑞娜，另一些孩子赞同桑德拉。然后，玛瑞娜指着一个书架，在那儿放着孩子们的个人档案和资料（在学前班孩子们成长的资料）。她要求我帮她拿下她的资料，因为她够不到，我帮她做了，并将书递给她。她说："谢谢，比尔。"她翻出有她照片的一页，照片是她一岁时照的（每个孩子都有这样的婴儿照）。桑德拉和其他几个孩子围在一起看照片。我们都看到了玛瑞娜一岁时照片就是留着短发。"看，"玛瑞娜对桑德拉说："这是我，那时我留短发。"桑德拉马上说："你对了。"问题的解决使得每个孩子都满意。

在这个例子中，玛瑞娜利用了我的身高，让我帮她拿到了这个相册。她没有要求我支持她，也没认为我比孩子知道得多。她原本不想要求我帮她，因为她知道我三年来一直不在这个学校，还因为（正如以前讨论过的）意大利的孩子把我看作是能力不强的大人。然而，正是这个例子表明这些孩子经常认为他们自己能处理这类争端，不想让大人帮助他。

这个例子还表明孩子们会利用他们在学校里的个人档案——这些档案是他们自己在 3 年中建立的。把这些资料用在孩子们的争论中。这样，孩子们感到有能力解决他们自己的问题，不用大人干预。

下面是另一个简单的案例表明这一主题。

和平，和平，胡萝卜，土豆

几个孩子正围坐在一个桌子旁做练习，老师们鼓励孩子们用自己的步骤来做练习以开发他们的认知能力。这本练习册中有不同的练习，其中有配图认字和较短的文章，还有一些让孩子们任意画的图以及填充空缺的字母等。鲁西阿诺认为维文娜所画的练习画不好看。维文娜变得十分生气，他们吵了起来。维文娜告诉鲁西阿诺管好自己的事情，并说鲁西阿诺的画得也不怎么样。两个人你来我往打起嘴仗，其他的孩子们试图平息他们的口角。然而，没有一个孩子去找老师来帮助。老师们暗中听到了他们的争论，但并没出面干涉。这时，在桌子旁做作业的另一个女孩米歇尔听得不耐烦了，说："够了，别吵了!"鲁西阿诺和维文娜同意停止他们的争吵，不一会儿，他们相互嬉笑了，甚至创作了这样的诗韵："Pace, pace, carote, patate!"（意大利语，意思为"和平，和平，胡萝卜，土豆!"）

再次，我们看到了孩子们主动参与解决他们自己的争端。有趣的是，没有参与争吵的一个女孩厌烦了这样的口角想要安静。发生口角的孩子鲁西阿诺和维文娜接受同伴的建议，于是曾发生口角的这两个孩子平静了下来。他们创作了一首意大利语的诗歌，既有趣，又有创造性。

这是最后一个例子（略微有些长），它捕捉到在莫德那学前学校两组5岁的孩子之间的竞争意识。孩子们在非常挑战的环境下决定和解。

草之战

学前学校的外院经常在除草，剪下来的草扔得到处都是。几个女孩（爱丽莎、卡罗塔和米歇尔）开始收集这些草将它们放到攀登架的底下，在那儿她们用草铺了一个"床"。米歇尔先躺了下来，随后其他女孩也躺了下来，并说："真舒服呀!"其他的女孩们也过来参加这个游戏，但爱丽莎、卡罗塔和米歇尔掌控这个游戏。新参加的孩子可以运草过来，但不允许她们往"床"上放草。

后来，卡罗塔返回来说，当她收集草的时候，另外一组的一个5岁男孩撞了她。其他女孩决定去找那个男孩算账。她们带着草走了过去，来到男孩的身后，她们用草打这个男孩。打完后，她们跑回攀登架，并庆祝这次复仇，特别是卡罗塔满脸堆笑。最后，这个男孩召集了他的几个朋友，他们走过来向女孩们扔草。女孩们追打着男孩，她们的人数比男孩多，孩子们相互扔草。

随着其他女孩和男孩的加入，草之战逐步升级了。实际上，除了个别组外，几乎所有的孩子都参加了草之战。"战争"持续了一会儿，直到玛瑞娜建议她们停战才结束。玛瑞娜带领几个孩子走到打卡罗塔的那个男孩身边，伸出了和平之手。然而，这个男孩将草扔在玛瑞娜的脸上。玛瑞娜走回自己的组，这时卡罗塔说："他们不想和平!"但是，玛瑞娜说她还想再去试试。她第二次伸出友谊之手，那个男生再次向她扔草。但这一举动遭到同组另一个男孩的反对。玛瑞娜被草打中后，仍站在那里。第二个男孩将他的朋友拉到一边，建议他们应该和平相处。一个男孩开始反对，但最终他同意了。两个男孩与玛瑞娜握手言和。于是，玛瑞娜返回到女生小组宣布："现在我们和平了！"两个小组在一起握手言和。我也和另一组的孩子们一起相互握手，他们把我当成对立一组的成员。

在这个例子中，我正在研究的孩子们利用草制造了一项新游戏、一种新活动，游戏给孩子们共同控制社会环境的感觉。虽然两个组之间存在着矛盾，而且矛盾还会进一步发展，但每个组之间是很团结的。后来，两个组之间开展了和平的对话，握手是和平的象征，表示了学校孩子们的团结意识，我的握手参与肯定了我在这些团体中的地位。

冲突、成人文化和儿童文化

冲突是儿童文化的主要特点。然而，孩子们对冲突和争论中的态度成为他们在学校文化和社团经历的一部分，因为孩子也是社团成员之一。

美国白人中产阶级的孩子之间发生的冲突常常被老师看作具有负面影响和威胁性。大多数家长看到了冲突和争论所带来的影响。我曾参加过美国中产层学校的家长会，家长们强调孩子应自己处理问题的重要性，而不是相互发生口角或身体侵犯。他们希望孩子们和平相处，友好地在一起玩儿，因为任何形式的冲突都具有危险性。其结果，孩子们多少有些敏感，他们的冲突经常与情感有关（特别是与友谊相关，参见第 3 章）。与此同时，这些有关情感的事件反映在孩子们的相互关系中，并突显出他们在同伴文化中的个性。

大多数中产阶级白人似乎认为接受头脑领先计划的孩子在游戏中表现出的反叛行为具有攻击性，但这一点很少能让非洲裔美国孩子、老师或家长所理解。作为人类学家，罗杰·阿伯汉姆斯（Roger Abrahams）曾经争论说，在非洲裔美国人中，反叛和冲突被看作是一种持续的对抗，"它不能被消灭，事实上，它可以通过对反对力量的变化来产生较强的感觉肯定同伴文化。"换句话说，在参与头脑领先计划的孩子们中反叛和挑战是戏剧性地交替出现，是相互作用的。交替的整个过程具有戏剧性，是十分可笑的。这种语言争论表明两个信息：①一个能坚持自己观点的特殊的孩子是不会轻易地被胁迫；②参与反对意见意味着捍卫儿童文化的价值和对其关注程度。

家长、教师以及社区其他成年人都看见过孩子们的争论，意大利学前学校的孩子们在自己的文化中产生、加强和提炼他们自己的语言风格。在争论的过程中，孩子们共享集体的尊严、建立了友好联盟，在讨论和辩论中发展和展示着他们个人的才能。

　　总之，我们对儿童文化的研究帮助我们认识到儿童和成人生活多样性是多么的重要。我们可以进一步更好地欣赏这种儿童文化的复杂性，我们认识到儿童文化的复杂性和多样性起源于成人文化和整个社会的高度多样性和复杂性。然而，完整地理解我在本书中描写的儿童文化的复杂性，有必要认真对待孩子和他们的童年。我们必须反对"轻视"儿童的倾向，我们也要反对过度地保护儿童，低估他们的能力，重要的是，更不能歧视他们。归纳本章的观点：我向所有成人发起挑呼吁，理解儿童的文化，我们应该欣赏他们、鼓励他们、拥抱他们，成年人应该变得更主动地去融入儿童的世界。

第八章　"欣赏孩子"

· · · · · · · · · · · · · ·

支持和共享儿童文化

在研究儿童文化时，我的这些特定研究到了后期总是苦甜参半。痛苦的是，我和这些孩子亲密无间愉快地度过了许多美好的时光，但我们都知道，研究结束后我们很可能就不会再见面了，再也不能和他们亲密接触了。然而，令人欣慰的是，在多年的人类文化的研究工作中，我还能一直和许多孩子保持联系，并伴随他们成长，至今我们都是好朋友。

在这方面，我最近在意大利莫德那的研究是很特别的。因为我加入了一群孩子当中与他们待在一起，他们正处于生命中最重要的时刻：从学龄前到上小学。我们曾经在一所小学工作了几周，我们研究的第一个女孩是学前班的斯蒂芳妮娅。在课上，她问我："比尔，你将和我们一起呆到高中吗？"我和其他教师们对斯蒂芳妮娅的问话发出了笑声，她的问题太可爱了，太天真了，令人吃惊。但是对于斯蒂芳妮娅来说，她是认真的。她已经和我成了好朋友，我正在保护着她，她希望整个童年都充满着这种安全感。

事实上，我继续着我的研究，我一直和莫德那的孩子们在一起（来到小学后，我研究的孩子从21人增加到将近80人），我伴随着他们从小学进入了中学。2001年5月我返回了这所学校，孩子们上五年级，即将结束他们的小学生活。这些学生参观过他们要去的中学，他们非常高兴能与其他中学生在一起；但是他们又像主人一样地为参观他们学前学校和他们的老师的新生服务（当新来的孩子进入一年级时，五年级的老师又开始新一轮教学，教授这些新生）。

我研究的孩子们在学前班就开始上英语课，到三年级时再次开设英语课程，许多孩子的英语已经相当好，特别是在读写方面。孩子们和老师送给我一本书作为礼物，书名是《送给朋友》，书中写有许多的诗集，还留有空白以便写下一些约定、想法和回忆。孩子们在空白处用英文给我写了许多留言，表达了他们的情感，并向我道别，他们知道他们中的大部分人将很难再与我见面。孩子们给我写的东西记录了我们之间的友谊，分享了我们在一起的时光。

安德列在一幅风筝画的旁边写下了留言：

尊敬的比尔：

我希望我们的友谊像风筝一样永远飞扬。

爱你的安德列

作为一个成年人，我一直非常幸运，因为我能够和孩子们在一起生活，分享了儿童生活的乐趣。但这并非意味着我经历了第二个童年。虽然在某种程度上说，我参加了孩子们的活动走进了他们的文化，但我仍然是成年人。我得到的是对儿童文化的观察、理解和欣赏。我坚信只要是正确地对待孩子、开诚布公地向孩子们学习的成年人都可以发现孩子身上有许多优点，成年人可以从中获益匪浅。

在多样化的社会和文化中，儿童和成人的日常生活紧密结合，形成了许多对儿童有利的约定和习俗。这种文化鼓励一种积极的态度：所有儿童都是一种文化家族的一分子，应确保这些儿童在不同的年龄段资源分配的公平性。正是这种多元的社会和文化将我们带进了新的世纪。为什么许多社会，包括美国，仍然缺乏这些目标呢？他们如何能够做得更好呢？

你的孩子、我的孩子、我们的孩子

在美国，人们对待儿童有不同的态度。一方面，我们说儿童是我们的未来，我们必须保护他们，在他们身上投资；另一方面，我们将培养儿童看作是父母的个人责任。因此，我们容忍这样的事实——许多儿童生活在贫困之中，缺乏基本的社会福利，缺乏高质量的关怀、早期的教育、全面的保健。在某种情况下，人们甚至还在歧视儿童。

让我们看看这些对儿童的歧视。有时，由于我们并非认为儿童有完整的人格，就不可避免无意识地发生对他们的歧视。但有时这种歧视也是故意的、明显的和突出的。至于前者，我们认为是将成人的错误归于孩子身上。最近丹尼尔·金德龙（Daniel J. Kindlon）写了一本《一件好事的诸多方面：在这个娇惯的年代如何培养孩子的性格》（*Too Much of a Good Thing*：*Raising Children of Character in a Indulgent Age*），书中描写了那些过度纵容孩子的家长们。书的封面是一个四五岁的女孩用手指掰开嘴做鬼脸的样子，一个典型的被宠坏的调皮鬼。我要问：如果这本书是描写家长的坏习惯，为什么要在封面上出现一个负面的儿童呢？为什么不是家长呢？

在美国的广告宣传中，像这样对儿童的负面成见相当普遍。每年新学期开始时，许多文具用品公司都会举办商业活动，他们称之为"一年中最好的时光"。孩子们结束假期返回学校时，父母们认为是摆脱孩子，可以松一把劲的时候。在一个商业广告中有这样的片段：两个孩子钻进了一辆家庭小面包车，高兴地哼唱"我们要去水上公园啦！"但当车门关上后，孩子的父母愉快地告诉他们"开学了，你们要返回学校了！"孩子们试图下车，可车门已经关上了。还有一个更可怕的广告，一个青春期的女孩正漫不经心地打电话："万达说过的，杰克不喜欢布列塔尼犬……"这时，她的父母突然走进房间，就像房顶上掉下笼子来捕捉她。父母要开车送她去等校车，孩子坐在车里就像关在笼子里一样。为了不让她的父母生气，这个女孩不得不挂断了电话，只能到学校后再跟朋友聊天了。

成人们制作这样的广告是为了"好玩"，并没有意识到他们是在冒犯孩子。然而，孩子们是怎样想的呢？我敢打赌，对于孩子们来说，他们一定认为这不好玩。如果这样的情况发生在社会中的其他群体，我们很容易感到有负面的影响。想象一下对这样的场景的反应，一个家庭将老奶奶放在车里送到养老院去。

在这个社会，存在这样的广告并不奇怪，因为它使用了"孩子式"或"像孩子那样"的用词，而不是使用了更为正确的用词——"不成熟"。这样的用法导致了一个奇怪的现象——把成年人的非婚生子指责为"像孩子那样"幼稚，而不是用更合适的词汇来表述。最终，对儿童还是不够尊敬，幸运的是，近来很少用"私生子"这样的词汇了。因为孩子们无法选择他们的出身，所以不应该对非婚生子女有任何歧视。如果给这种情形贴一个负面的标签的话，应该指责的是涉及这种行为的成人，而不是孩子。

在美国，成人们从来没有停止过对儿童的偏见，但我们允许那些坦诚的意见。在美国有许多地方（公寓楼群和有院门的社区）是不允许有儿童居住的。在这些住宅区里，常常有"仅供成人居住"的规定。在亚利桑那州就有这样的例子：一个男孩的妈妈住进了戒毒所，他临时住在姥爷家，但却被赶了出来。

你可以从下几页感受到这种歧视是多么明显，图5的照片是我收到的一个关于"仅供成人"乘坐的游艇广告。

在图5中，我们可以看到图中一个红头发、脸上有雀斑的男孩正在做鬼脸，他伸出舌头，用手指在耳朵上摇晃，图的标题写道："这是你不想遇到的人。"图的下面写着："在容纳684名游客的新R级游船上，你可以享受'成人'的环境。没有18岁以下的孩子在船上，你的海上旅行将很轻松，摆脱了孩子的干扰。"如图6，用图片和文字描述了这个供成人享受的游艇。在图的底部，有目的字样："拥有自由吸烟、彻底摆脱孩子干扰的环境！"（见图5和图6）。

将儿童和烟等同！如果我们将"孩子"替换成社会上的其他群体，如：男

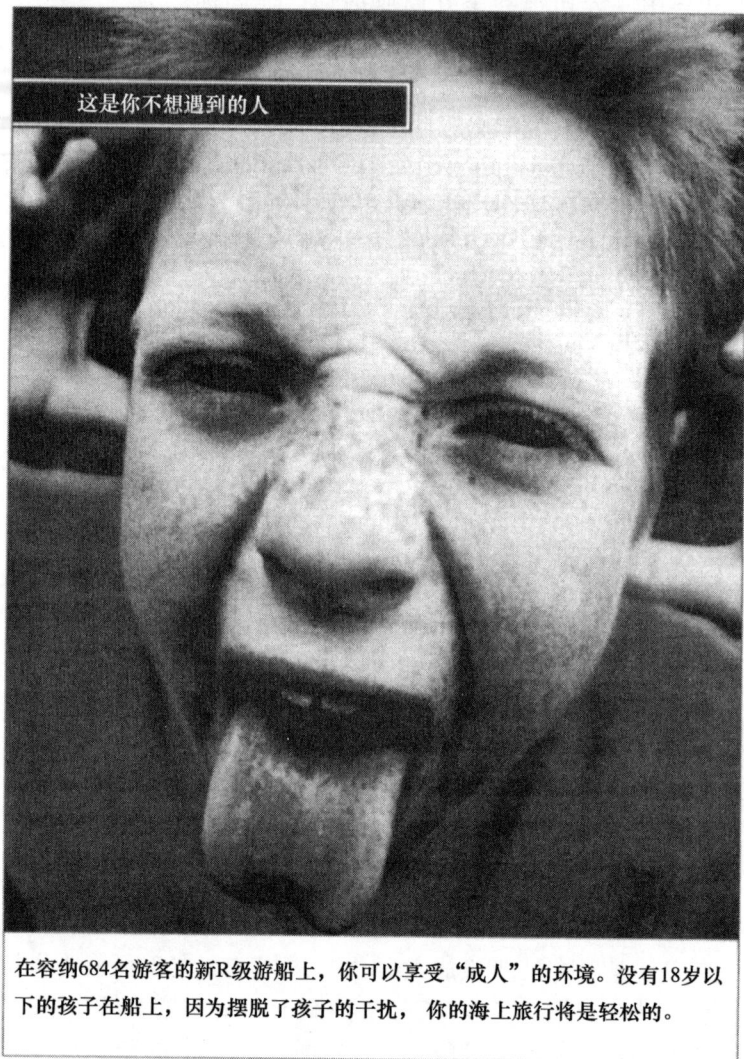

这是你不想遇到的人

在容纳684名游客的新R级游船上，你可以享受"成人"的环境。没有18岁以下的孩子在船上，因为摆脱了孩子的干扰，你的海上旅行将是轻松的。

图5 不带儿童的游船

人、妇女、老人、非洲裔美国人、美国原住民等，肯定会有组织出来反对，这家公司的生意将会受到影响，这是如此的正义。但是，换成儿童，几乎没有人注意，也不会有任何人评论这幅广告，这就是对儿童的歧视。

另一些对儿童的歧视就是不关注他们，孩子没有被看成是社会的一个成员，作为社会一分子他们也享有人的基本权利。相反的，在美国，儿童被看成是父母的附属品，父母必须对他们负责。尽管一些开明的政客和儿童保护组织中的

供成人享受的游艇

娱乐：从百老汇"大白路"到新奥尔良的红热爵士乐，有许多音乐曲调能迎合成人们的口味。你可以玩竞赛游戏、唱卡拉OK、欣赏来自异国他乡的表演。

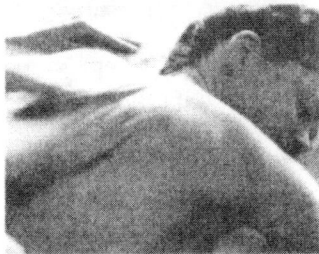

放松：你可以享受全方位水疗服务，还可以享受来自欧洲理疗师的保健按摩，放松的保健疗法让你感到舒适无比。

健康和锻炼：船上配有专业的和设备精良的健身中心、提供自然疗法的水疗中心和多种健康锻炼方案可供选择。此外，约翰·霍普金斯健康医疗系统还可提供优质的医疗服务。

拥有自由吸烟、彻底摆脱孩子干扰的环境!!

图6　供成人享受的游艇

普通人都持有这样的理念："需要一个村子来培养一个孩子"，但他们的这种观点通常与美国竞争、民主和社会经济系统的主流价值观大相径庭。通常美国人相信勤奋工作和自力更生，不信任较大的政府社会项目，特别是那些拥有孩子的家庭，地方各级政府对幼儿园到12年级的教育应该是支持的。其结果是，学校系统可根据资源和每个学生的支出情况进行较大幅度的调整。在美国，还有一些的社会福利和教育项目提供一个"安全网"来帮助那些最贫困的美国学生（这些学生必须是特别穷才有资格申请）。

然而，这些项目与国家老年人社会福利相比，就显得相形见绌，例如老年人有社会养老保障、健康关注和医疗补助方案。事实上，美国前商务部长彼得·比特森曾经指出：美国联邦政府预算支出对 65 岁以上成年人要比 18 岁以及 18 岁以下的儿童几乎多出 10 倍。当然，对于老年人的这些项目都是非常好的，很成功。这些项目提高了老年人的生活质量，延长了他们的寿命。然而，老年福利持续成功取决于对儿童更多的投入，因为人们将要保持这些老年人的福利项目，特别是等到战后生育高峰出生的婴儿达到退休的年龄。

简言之，在美国我们拥有一个不平等的社会福利分配，对老年人的花费高于儿童，儿童的安全网络太弱了。像"帮助儿童"项目和食品券（译注：在美国一些低收入人群可以得到的用来交换食物的代用券）在过去二十年来几乎跟不上通货膨胀率。即使从这些项目得到收益的话，大多数州的许多家庭也几乎不能收支平衡。在近几年头脑领先计划项目经费一直在增加，但在大多数州只能覆盖 4～5 岁的儿童，时间也有限。

另外，许多有工作家庭的穷孩子没有资格申请类似于"帮助儿童"、食品券、头脑领先计划等项目，也不能申请医疗补助方案的健康关注项目。在美国，16% 以上的儿童生活很贫穷，几乎有 12% 的儿童没有医疗保险。高质量的儿童医疗和早期教育对于有工作的贫穷家庭，乃至中产阶级家庭来说仍是主要问题。直到 1993 年，除了南非外，美国是世界上唯一没有产假的发达国家。美国《美国家庭和医疗假期法》规定：在 50 个人以上的公司工作，雇员可享受不超过 12 周的病假，病假期间停薪留职，病假的理由包括：雇员的孩子出生，过继或收养孩子，雇员的子女、配偶或父母患有严重疾病以及雇员本人病重不能工作等。虽然《家庭和医疗假期法》每项条款都是合理的，特别是它们保护了雇员的工作，但是唯一的不足就是它们停止雇员的薪水。大多数工薪阶层家庭和低收入家庭（特别是单亲家庭），由于收入较低，如果超过一周没有工作，他们的生活将会面临困难。此外，女人在产假之后必须尽快返回工作，许多工薪阶层家庭不得不将孩子送到质量较差的幼儿护理中心，即使这样，育儿的费用也要占家庭收入的 25%～30%。

在其他发达国家，拥有孩子家庭的生活质量要比美国要高。虽然一些发达国家生活在贫困中的儿童比例与美国差不多（例如：意大利有一个很出色的早期儿童教育体系，儿童贫穷率 14%），但大多数国家贫穷比例是美国的一半，还有几个国家的贫穷比例少于 3%（丹麦、法国、挪威、奥地利和卢森堡），甚至有三个国家低于 2%（瑞典、比利时和芬兰）。所有的西欧国家对儿童提供了全面的健康关注，在家庭假期方面也比美国优越得多。所有的西欧国家都允许6 周到 1 年的产假，并带 50% ~ 100% 的薪水。大多数国家提供额外的家庭假期（通常是在孩子从出生到一岁期间），带有一定百分比的工资和一定数额的住房补贴。

在西欧，产假政策是针对 1 岁婴儿的需要，看护项目针对 1 ~ 3 岁的儿童（他们的母亲有工作），早期的教育项目通常提供给所有 3 ~ 6 岁的儿童。这些儿童项目的花费和需求与美国基本相同。但是在西欧，大多数儿童项目都是政府补贴，降低了家庭的支出，提高了生活质量。近来在一些国家，针对儿童的资助项目已经从看护为主转变为以智力开发为主。

美国和西欧国家最大的不同是早期儿童教育质量上的不同。几乎所有欧洲国家都对儿童提供低花费、高质量的项目。虽然在西欧国家从事早期儿童教育的教师通常得不到较多的培训，而且通常工资比小学教师要低，但与美国从事早期儿童教育的教师相比他们的平均收入还是高得多。西欧国家教师参与学龄前教育项目的比例比美国高得多，有更多的家长参与，并对教师很尊敬。例如在法国和意大利，95% 以上的 3 ~ 6 岁儿童参加政府支持的儿童早期教育项目，父母负担较低的费用——主要是饭费的花销。在上述两个国家，许多项目被看作是世界上儿童早期教育的典范。许多项目是精心开发的早期儿童教育课程，这些课程强调社会性和语言技能，为儿童从家庭到社会再到正规的学校起到了桥梁作用。

改善儿童生活质量，欣赏他们的文化

在本书中，我对儿童文化的复杂性提出了一个内行人的观点，这些观点的提出是基于近 30 年来在美国和意大利多所学前学校的研究。在所有这些学前学校里，我研究了孩子们自己创造的充满活力的文化，它们反映了儿童时期的喜悦感、好奇心等复杂的心理活动。美国的学前学校，文化的复杂性大致如此，大体上说，儿童文化的复杂性不容易被教师和家长所发现。我在加利福尼亚州伯克利和印第安纳州布卢明顿等地区研究了一些非营利性质的私立学前学校，这些学校的质量和资源是一流的，一些家长经常参与学校的活动。非营利性质的私立学前学校通常可提供高质量的教学、拥有高素质的教学人员以及较好的课程和资源，因为学费收入只是用于支付参加项目的人员费用。相反，那些营利性质的私立学前学校通常教学质量较差，为了增加利润，这些学校不得不将教师的费用和对资源投入降至最低程度。在我研究的这些私立学前学校里，家长的介入通常发生在校外，主要是参与行政方面的事，为学前学校的董事会服务。然而，在每一学年中，学校要举行一系列特殊的活动，例如，家庭聚餐会、儿童音乐会和特长表演会等，还组织一些旅游参观活动，如参观当地的动物园、博物馆等场所。这些活动有助于将家长和孩子们团结一起，并在一定程度上帮助孩子更好地了解社会。

我研究的头脑领先计划仍缺乏资源，这些资源在美国的私立幼儿园或意大利政府资助的幼儿园都是很特殊的。虽然随着我们研究的深入，头脑领先计划得到了联邦政府越来越多的支持，但对于一些项目来说，儿童的覆盖面和项目范围仍然不够宽泛。这些项目的质量虽然很高，但时间却很短，仅限于半天，项目的一些内容主要是训练语言结构和认知任务以弥补课程的不足。也就是说，对于贫穷的孩子来说，他们缺乏认知能力和语言技能的训练，需要这样的项目来弥补，所以在学前学校要大力开展头脑领先计划各种活动项目。另一方面，我发现一些教学常常混淆孩子们，让他们相信问题只有一个正确答案。其结果，我发现许多进入学前学校或一年级的孩子学习很费力，因为他们在完成作业方面追求尽善尽美。在结构性学习任务中，他们回答问题犹豫不决，经常不能按时完成作业。

尽管头脑领先计划中的一些项目只有半天的时间和用来弥补课程的不足，但该项目对孩子的社会能力和情感发展方面帮助很大，加强了孩子们发展自己的同伴文化，在头脑领先中心许多成人很赞同这些儿童文化。事实上，头脑领先中心可看成是一些小的社区，强调集体价值观，类似一个大的家庭。

在头脑领先中心的一个特定活动日，孩子们可以和各种各样的人接触：老师、助教、来访的家长、校车司机、行政管理人员、社会工作者、语言学家、监护人或厨师。在这样的活动中心里，孩子们花费大量的时间是和他们自己班主任和助教在一起，但他们也和在场的所有大人打招呼，并相互认识，有时还在一起开玩笑，这些成年人也相识了在场的孩子。其实，许多成年人与孩子们有着相同的爱好，他们相互交谈，在楼道里开玩笑，并一起走进教室。

来自家长们强有力的支持对参加头脑领先计划活动的孩子们来说十分重要，因为这样的孩子很多是来自单亲家庭，生活在贫穷和危险的街区，他们与成年人或其他儿童正面交往的机会十分有限。进一步地说，头脑领先计划鼓励家长的参与、教师的来访，并需要每个家庭的支持。

头脑领先计划还涉及一些成年人较多社区里的儿童。公交车可以将孩子们送到头脑领先中心，在每个学期里，公交车司机还要开车带孩子们和老师参加课外活动。孩子们经常去游园、参观博物馆、游览动物园、去百货商店购买圣诞节和复活节装饰品等；孩子们还要去邮局、消防队这样的工作场所参观学习。所到之处，孩子们受到了热情的欢迎。简言之，孩子们热爱这样的课外活动。这样的活动对于中产阶层和贵族阶层的孩子来说可能无所谓，但对于接受头脑领先计划的孩子们来说就很特殊了。这些孩子在活动前就开始谈论这次课外活动，经常是提前许多天就开始准备。通过这些课外活动，孩子们开阔了视野，儿童文化得到了进一步地发展。

在博洛尼亚和莫德那，我所研究的意大利学前学校，他们鼓励儿童创建充满活力和多元化的儿童文化。这样的文化可以丰富孩子们的生活，也有利于孩子对社交、语言和认知技能的提高。这些项目在意大利的北方有很长的历史，可追溯到 20 世纪 60 年代，高质量的儿童早期教育至今在意大利非常盛行。

随着 20 世纪 50～60 年代意大利经济的迅速发展，60 年代末和 70 年代初建立了许多关怀儿童的法律，并得到迅速发展。在这一时期，大规模的公众流动是人们开始从农村迁徙到大城市，主要是在意大利的北方。这种团体的行动在意大利北方的一些地区是有历史的，特别是在埃米利亚－罗马格尼亚地区，我所研究的学校就坐落在这一地区。其结果，关怀儿童和儿童早期教育问题与劳工运动、青年运动、妇女运动以及城市运动联系在一起了。

在意大利，从一开始早期儿童教育的方向就反映出是集体和公众的运动，学前学校被看作是儿童生活的地方。儿童的活动，如玩耍、吃饭、争论和做功课被认为与个人认知和智力发展同等重要。公共活动是指学前学校组织结构和广泛的具有社会性、语言性和艺术性的项目。这些项目构成了学前学校的课程，强调了学龄前儿童与家庭、社会以及儿童文化的关系。

涉及学前学校的结构，在博洛尼亚一个班有 35 名儿童，5 位教师，教授所有的课程，学期从 9 月到第二年的 7 月。我在学前学校观察的 3 年中，每年一群 5 岁的孩子进入小学，同时一群 3 岁的儿童走进了学前学校。在莫德那，我研究过一群 5 岁的孩子，他们与一位老师共同生活了 3 年。在学前学校，孩子与同一位老师保持 3 年在一起加强了孩子之间以及孩子和家长之间的相互关系。同时，家长参与学校的活动也非常重要，因为家长之间可以逐渐地相互熟悉，也可以跟老师建立起联系。这样说，学前学校是很重要的教育基地，对于一个有幼童的家庭来说，学前学校也是一个社交和相互联系的场所。

在博洛尼亚和莫德那学前学校最引人注目的课程内容是一些长期的项目，它包括观察、讨论、活动和重新构建。在博洛尼亚有一个项目是制订计划去做家访，在学校最后一个学年的春天去较大一点的孩子家进行访问。我在学前学校的第一年，学校间接地向我介绍了这个项目。一个男孩告诉我："比尔，你来我家吧。"我不知如何回答这个问题，只是点点头说："好呀。"我猜测，也许佛利斯的家长想邀请我去访问。

然而几天以后，在小组会上，老师们告诉我们要家访的事。每个较大一点的孩子都谈论了他们的家庭，并在为我们的到访做准备。所有这些似乎真的对我很有吸引力，对3岁的孩子亦是如此，他们以前从未进行过这样的访问。

在一个重要的日子，我们随着一组学生访问了一个较大孩子的家。我记得特别清楚是来到了佛利斯家。他家离学校很近，坐落在一个有商店的居民区里，并且离我住的公寓不远。因此，沿途我认识了许多店主，我们不时停下来和他们聊天。店主们都知道学校这项活动，他们都盼望着有机会与孩子们聊天，他们很羡慕这些孩子。在去佛利斯家的路上，我们要经过最繁忙的一条商业街，我们与前来购物的人（男人和女人）聊天。看起来，这些谈话似乎耽误了我们的行程，我还怀疑何时我们才能到佛利斯家！然而，老师和孩子们并没在意，他们很高兴能得到当地居民的注意，并与他们聊天。

我们终于能继续我们的行程，越过了繁忙的商业街，我们沿着一条小街往前走，走到路的尽头有一所公寓，佛利斯家就住那儿。当我们靠近佛利斯家的前门时，几个孩子冲了上去，帮我轮流按门铃。我的同伴安东尼拽着我的胳膊冲到门口。安东尼按完门铃后，停了片刻，我也按门铃。每个人都笑了，一个老师说："比尔，总是像个孩子。好，让我们进去吧。"

家访后的几天里，老师和孩子们先是用语言形式，后是用艺术形式来总结经验。艺术品是一系列的图画，每张图画从不同角度直观地反映了活动中每个孩子的表现。图画的细节令人吃惊。例如，在到佛利斯家的路上，一些孩子画了街上的汽车；另一些孩子画小组成员（老师、孩子和我）；一些孩子画了商店，还有一些孩子为商店的橱窗设计时装。这些图画陈列在学校显著的地方（与其他项目放在一起），直到学期末，较大一点的孩子将画带回家作为纪念。图7是一幅孩子创作的大型壁画，描绘了我们到访佛利斯家的情形（见图7）。

在这个活动中，孩子们思考、讨论，并用艺术的形式重新构建了他们与学校、家庭、社区以及孩子们自己之间的关系。同时，随着孩子们成长，他们会重新认识了这些复杂关系之间的联系，这些变化会显得很自然。通过这些活动，孩子们获得了洞察力来观察日益变化的学校、同伴和更宽泛的成年人文化。

在博洛尼亚和莫德那这两个地区的学前学校，涉及长期的项目，家庭的参与度是很高的。在这两个地区的学前学校，经常举办学期晚会，孩子们为父母和爷爷奶奶们表演节目，唱歌、跳舞。在博洛尼亚学前学校，有两场晚会，一个是学校自己开的晚会，另一个是公众聚会，由教师和家长组织的。在这些活动中，孩子们表演他们排练了数周的节目。父母和爷爷奶奶们也参与其中的一些表演，有时和孩子们一起做游戏，并准备一顿丰盛的大餐。父母给

图 7 访向佛利斯家

老师们准备了贵重的礼物，作为小组的一员，我也能收到一份礼物（一条漂亮的沙滩浴巾）。

我在博洛尼亚和孩子们在一起的经历对我来说特别有意义，因为我和研究小组一起跟着孩子们进入小学一年级，继续与 4 个一年级的班保持着联系，直到他们升入小学五年级。其结果，我能够观察和经历许多儿童的活动，围绕着孩子们和他们的家庭，一些大型的公众社会活动被建立了起来。公众社会活动意味着公民参与、人与人之间加强联系以及开展社会活动。在美国，这样的公众社会活动可能是邻里间的聚会、保龄球协会或野餐联合会活动以及一些少数民族的嘉年华。虽然这些活动依然存在，但许多人认为，这样的活动在许多美国人和他们的孩子的生活中在逐渐减少。

在莫德那，公众参与有着较大的影响，经常以儿童为中心开展一些活动。其实，学前学校或小学校就是场地，举办许多公众活动。在莫德那学前学校开学的第一个月，我就参加了庆祝嘉年华活动。首先，在学校，举办两天的庆祝活动，3～5 岁的孩子和老师参加，有化装跳舞、唱歌，吃糖果和点心，通常持续较长时间。之后，还有一个通常为所有莫德那孩子举办的庆祝活动，这包括我 8 岁的女儿和所有我所研究的学生，活动在城市中心广场举行。在活动中，孩子们穿着漂亮的衣服与父母和爷爷奶奶聚集在一起，在音乐的陪伴下挥舞着彩旗、从街道小商贩处购买糖果和小吃。

这是发生在学校和城市或社区级的一些活动；另一些活动是来自本地所有学前学校5岁儿童演出的传统儿歌音乐会。各个学校的孩子们在音乐老师的指导下进行了数月的准备和训练。在大型演出之前，所有的孩子和音乐老师要进行一次彩排。演出通常是非常成功的，演出场地坐满了孩子和他们的父母和爷爷奶奶，他们都为孩子的表演感到无比自豪。

孩子们对所有的准备、排练以及演出都表现出强烈的自豪感。演唱歌曲成为孩子们在学前学校最后几个月中的主要文化活动。他们经常在做功课或玩中哼唱这些歌曲。我记得特别清楚，孩子们在一次学校举行的公众活动中唱了一首歌——《为了爷爷奶奶的聚会》。

在莫德那，几乎所有孩子的爷爷奶奶都参加了这次聚会，孩子和他们的爷爷奶奶一起开展了许多活动。一些爷爷奶奶和男孩女孩们一起为玩具娃娃缝制衣服；另一些爷爷奶奶与一群孩子们一起去厨房制作甜点，这些点心是为了吃完学校厨师做的大餐后的茶点；还有一些爷爷奶奶和孩子们一起在户外花园里劳动；还有一些在给孩子制作风筝，做好后，将风筝拿到院子里，孩子们轮流放飞这些风筝。我的任务是从树上取下错放的风筝，还不能弄坏这些风筝。

我记得最清楚的是午饭前发生的事。孩子们唱着那些他们以前经常练的，并在市音乐厅演出过的歌。这些歌我听了无数遍，现在我都能背下来。孩子们唱前两首歌时，我与他们一起常唱，轻声地哼着歌词。第三首歌唱到一半时，坐在小椅子上的孩子把胳膊搭在旁边孩子的肩上开始随着音乐摇摆。他们的脸激动得通红。我看着孩子的爷爷奶奶们，他们的眼睛都湿润了，我也是。

"我们是朋友，好吗?"——来自社区的请求

我所研究的孩子和我记载的儿童文化代表了美国社会中经济最好的和最差的一群儿童。在很大程度上，他们代表了相应的经济团体。头脑领先计划给儿童很强烈的情感支持，为研究儿童文化提供的机会，并为孩子进入小学提供相应的准备。然而，这些项目比起其他国家对学前学校提供的支持要少得多，项目缺乏资源以至不能向需要帮助的3~5岁的儿童提供全天候的教育项目，也不能提供较好的教师培训和师资认证。私立的、非营利的学前学校通常有较高的教学质量，但学费昂贵，许多工薪阶层家庭望尘莫及。即使是这些学校，学费高昂，但大多数教师薪水不高，教师更换率频繁。

在美国，许多家庭必须将孩子送入私立营利的学校。然而，早期儿童教育费用较高，质量较差，教师缺乏经验，培训很少，一些项目提供给孩子的帮助

也不大。虽然相关人士一直在研究关怀儿童项目，但很清楚地表明，目前学校仍缺乏有计划的课程、高质量的教师队伍，有较少的项目将家长和社区联系在一起研究和发展儿童的文化。

我所研究的意大利学前学校，是这个国家中最好的，它们仍然得到政府和公众的长期支持。随着外来移民的日益增加，意大利学前学校已经变得很有研究价值。来自非洲、中东和亚洲的孩子学习意大利语，并将他们的文化移植到他们所学习的学校。此外，在我所研究的学前学校的课程中，对这种文化多样性的增长给予肯定和认同。

在许多方面，意大利以及其他欧洲国家与美国不同。美国的价值观是趋于个人，而欧洲的价值观更趋于互助。在欧洲，大型的、政府性的社会福利项目很普遍（例如："全民健康关怀"、"家庭事假"、"关怀儿童"以及一些早期儿童教育项目），而在美国却让人值得怀疑。所以，在美国不可能有像意大利那样的由联邦政府支持和管理的学前学校体系。然而，越来越多的美国人开始相信需要做更多的事去关心儿童，关注早期儿童教育。对儿童教育的资金增加和政府对头脑领先计划的支持都反映出对儿童早期教育的关心。但是对头脑领先计划更多的资金投入和提高人们的收入水平都是必要的。一些州已经开始实施一些项目，它们为 4 岁的儿童提供 1 年的学龄前免费教育（主要通过"凭证制度"），现在许多州都开始考虑这样的项目。我希望这些项目能为教师培训提供州补贴，建立一些非营利中心，制定一些教师培训和认证的规定。我还希望这样的项目能推广到其他州，但是毫无疑问，这需要时间。

除了政府的项目外，作为个人和社区还可以做许多事情来丰富儿童的文化生活。第一件事就是要欣赏儿童文化的复杂性、愉快感和好奇心，重要的是要加入儿童的文化之中。我们应该为儿童的自由快乐提供相应的硬件设施和机会，而提高儿童早期教育的质量是实现目标的核心。我们还要警惕儿童早期教育的一些陈旧观念，在儿童的日常生活中有太多的程式化和模式化的东西。全日制的学前学校应允许孩子有较多的自主游戏时间。我们应该让孩子们成为孩子，不要给他们过多的负担要求他们去做程式化的课程和从事一些竞技体育运动，特别是在学龄前和小学这个年龄段。

另一方面，我们还要更多地关注儿童。带孩子去游乐园或全家外出旅游度假等活动对他们的童年都是非常重要的。然而，最重要的是在日常生活中的每一天，经常和孩子一起玩自发的游戏和进行日常的谈话。我们还需要关心和关注儿童的兴趣，让他们看到我们和他们一起活动时是多么的自愿、新奇和自由。

在美国或其他工业化国家的各个阶层群体中，家庭隔阂的主要原因是年龄差异。正如人类学家伊妮德·施利德克拉特（Enid Schildkrout）指出的：在当代社会中，根据年龄和社会流动人口的层次统计，一些习俗逐渐变弱，"这意味着不同年龄之间的交往和联系越来越少，社会意义在逐渐消失。"当代社会几代人之间不会存在有密切的个人关系（就责任和义务而言），而在工业化前社会这种现象很普遍。许多成年人没有找回这样密切关系的愿望。我确信还有相当一部分成年人对参加前面讨论过的那种"不带孩子的"游轮很感兴趣。

然而，老年人和儿童可以相互帮助。在一个老龄化的社会里，老年人越来越依靠社会经验和青年的社会化。在美国，我们需要做更多的工作将老年人和孩子结合在一起，让他们共享生活的每一天。毫无疑问，在美国和意大利的学校都有"祖父母节"。所有的学校都应设立这样的节日，变成一年一度的活动。我们还需要关心社会上的老年人，许多在家或在养老院的老年人十分孤独，我们可以为那些不与自己的祖父母住在一起的孩子们找一个替代的爷爷奶奶。实施这些项目时要注意老人和孩子的交通安全，在一些交通不便的地区，还要关心他们的人身安全。我们为什么要停止像"车轮上的午餐"这类项目呢？许多美国老年人更需要的是陪伴而不是营养。我们需要创造更多的机会与他们一起参加活动。

最后，我们呼吁老年人、青年人、儿童打破现代社会中的年龄隔阂——呼吁所有的人都重视孩子对社会的简单要求："我们是朋友，好吗？"

延伸阅读

• • • • • • •

Abrahams, Roger. 1970. Positively Black. Englewood Cliffs, NJ: Prentice Hall.

Adler, Patricia A., and Peter Adler. 1997. Peer Power: Preadolescent Culture and Identity. New Brunswick, NJ: Rutgers University Press.

Anderson, Elijah. 1999. Code of the Street: Decency, Violence, and the Moral Life of the Inner City. New York: Norton.

Coleman, James. 1961. The Adolescent Society. Glencoe, IL: Free Press.

Coontz, Stephanie. 1992. The Way We Never Were: American Families and the Nostalgia Trap. New York: Basic Books.

Coontz, Stephanie. 1997. The Way We Are: Coming to Terms with America's Changing Families. New York: Basic Books.

Corsaro, William A. 1997. The Sociology of Childhood. Thousand Oaks, CA: Pine Forge Press.

Eder, Donna (with Catherine C. Evans and Stephen Parker). 1995. School Talk: Gender and Adolescent School Culture. New Brunswick, NJ: Rutgers University Press.

Elkind, David. 2001. The Hurried Child: Growing Up Too Fast Too Soon. 3rd Edition. Cambridge, MA: Perseus Publishers.

Garvey, Catherine. 1977. Play. Cambridge. Cambridge, MA: Harvard University Press.

Geertz, Clifford. 1973. The Interpretation of Cultures. New York: Basic Books.

Geertz, Clifford. 1983. Local Knowledge: Further Essays in Interpretive Anthropology. New York: Basic Books.

Goffman, Erving. 1961. Asylums. Garden Gity, NJ: Anchor.

Goffman, Erving. 1974. Frame Analysis. New York: Harper & Row.

Goodwin, Marjorie H. 1990. He-Said-She-Said: Talk as Social Organization Among Black Children. Bloomington: Indiana University Press.

Harris, Judith Rich. 1998. The Nurture Assumption. New York: Free Press.

Kindlon, Daniel. 2001. Too Much of a Good Thing: Raising Children of Character in an Indulgent Age.

New York: Hyperion.

Maccoby, Eleanor E. 1999. The Two Sexes: Growing Up Apert, Coming Together. Cambridge, MA: Harvard University Press.

Peterson, Peter. 1999. Gray Dawn. New York: Random House.

Piaget, Jean. 1952. The Language and Thought of the Child. London: Routledge and Kegan Paul.

Prout, Alan, ed. 2000. The Body, Childhood, and Society. New York: St. Martin's Press.

Rosier, Katherine Brown. 2000. Mothering Inner-City Children: The Early School Years. New Brunswick, NJ: Rutgers University Press.

Sears, William, Martha Sears, and Elizabeth Pantley. 2002. The Successful Child: What Parents Can Do to Help Kids Turn Out Well. New York: Little Brown & Co.

Thone, Barrie. 1993. Gender Play: Girls and Boys in School. New Brunswick, NJ: Rutgers University Press.

相关阅读

· · · · · · · · ·

　　《美好生活的开始——了解宝宝的大脑和行为》是一部非常优秀的作品，引用了当今最新的研究成果，用通俗易懂的语言讲述了儿童大脑发育的全过程。第一作者诺伯特·赫谢考威茨博士是瑞士著名的儿科医生和神经科学家，另一作者，他的妻子，埃莉诺·查普曼·赫谢考威茨是美国教育学家。夫妻二人联手写作了这本科学性和实用性并重的著作来帮助每一位家长认识和教育他们的孩子，让孩子们的生活有一个美好的开端。

　　本书侧重讲述了早期儿童的智力开发，是一部学术性和通俗性兼顾的科学育儿著作。本书按照儿童发育的时间进程进行编排，共4篇：作好准备；第一年；两岁；三到六岁。

　　本书从"子宫里的日子——你在里面做什么呢?"和"出生——我在这儿"开篇，随着孩子们生日蛋糕上蜡烛的增加，作者告诉父母在每一阶段应该怎样去关心、认识自己的孩子。

　　本书讨论了有关儿童早期教育的许多关键问题。本书的一个重要特色是每节结尾设有一个"思考题"。这些思考题都是父母们十分关心的育儿话题，如"额外的刺激是否有助于宝宝大脑的发育?""音乐对宝宝的大脑发育有促进作用吗?""如何提升孩子的自信心?""如果我孩子是性格内向的人我该怎么办?"等。这些话题几乎包括了家长关心的所有儿童早期教育问题。

　　此外，书中还附有发育进程表和大脑发育进程图，科学地解释了早期儿童大脑发育的过程。书的最后一节是"给家长的十个指标"，让父母们了解一个身心健康的6岁儿童应达到哪些指标。

科学普及出版社　　定价：**26.00**元

责任编辑　肖　叶　单　亭　薛红玉
封面设计　时捷设计
责任校对　林　华
责任印制　李春利　马宇晨